会社を良くする
最高のレシピ

安田 勝也【著】
Yasuda Katsuya

同友館

おさえて
おきたい
10の
ポイント

目　次

- ●序　章● 10のポイントとその関係 …………………………………… 1

- ●第1章● ポイント1　経営理念
  ～あなたが会社を経営する本当の目的～
  「商売はカネのため」とつまらないことを言う人のために ……… 7
  - 1. 経営理念とは　　　　　　　　　　　　　　8
  - 2. 「商売はカネのため」ではダメなのか　　　11
  - 3. 経営理念で自社の存在意義を示す　　　　　14
  - 4. 経営理念の作成　　　　　　　　　　　　　16
  - 5. 経営理念の発信　　　　　　　　　　　　　20
  - 6. 経営理念の実践　　　　　　　　　　　　　20
  - 7. 章の終わりに　　　　　　　　　　　　　　21

- ●第2章● ポイント2　ビジョン
  ～会社の皆が輝く最高の未来～
  「来年は売上倍増」と誰も喜ばないことを言う人のために ……… 23
  - 1. ビジョンとは　　　　　　　　　　　　　　24
  - 2. 経営理念とビジョンの関係　　　　　　　　27
  - 3. ビジョンを描く　　　　　　　　　　　　　34
  - 4. 章の終わりに　　　　　　　　　　　　　　39

- ●第3章● ポイント3　強み
  ～未来に向かうために必要なアイテム～
  「わが社に強みなんてない」と失礼なことを言う人のために …… 41
  - 1. 強みと弱み　　　　　　　　　　　　　　　42
  - 2. 経営資源　　　　　　　　　　　　　　　　43

　　　　3. 競争力　　　　　　　　　　　　　46
　　　　4. 強みを分析する　　　　　　　　49
　　　　5. 弱みを分析する　　　　　　　　53
　　　　6. 章の終わりに　　　　　　　　　57

●第4章● ポイント4　見通す力
　　　～強みを活かすために世の中を知る～
　　　「景気が悪いからだ」と言い訳ばかり並べる人のために………… 59
　　　　1. 外部環境とは　　　　　　　　　60
　　　　2. 外部環境の分析分野　　　　　　60
　　　　3. 外部環境の分析　　　　　　　　69
　　　　4. 分析手法　　　　　　　　　　　71
　　　　5. 章の終わりに　　　　　　　　　73

●第5章● ポイント5　経営方針
　　　～未来につながる確かな道～
　　　「顧客満足が第一」と当たり前のことばかり言う人のために…… 75
　　　　1. 経営方針とは　　　　　　　　　76
　　　　2. 戦略マップで経営戦略を練る　　78
　　　　3. 収益改善スパイラル　　　　　　81
　　　　4. 章の終わりに　　　　　　　　　83

●第6章● ポイント6　経営計画
　　　～未来からの逆算で組む本当の計画～
　　　「1年後…、2年後…」と間違った計画を立てる人のために…… 85
　　　　1. 経営計画とは　　　　　　　　　86
　　　　2. 経営計画書の内容　　　　　　　87
　　　　3. 決算書の読み方と財務分析　　　91
　　　　4. 付加価値潜在力　　　　　　　102

　　　　5.　経営計画の策定　　　　　104
　　　　6.　生産性と付加価値潜在力　　113
　　　　7.　章の終わりに　　　　　　　114

●第 7 章● ポイント 7　経営者
〜経営者が果たすべき本当の役割〜
「忙しい、忙しい」と経営者の仕事を放棄している人のために……………………………………………**117**

　　　　1.　企業とは何か　　　　　　　118
　　　　2.　経営者の権限と責任　　　　122
　　　　3.　経営者の資質　　　　　　　123
　　　　4.　章の終わりに　　　　　　　130

●第 8 章● ポイント 8　組織
〜未来を勝ち取る最強のチーム形成〜
「小さい会社だから」と組織のことを間違って認識している人のために……………………………………**131**

　　　　1.　組織力　　　　　　　　　　132
　　　　2.　管理職　　　　　　　　　　142
　　　　3.　組織のライフサイクル　　　143
　　　　4.　章の終わりに　　　　　　　145

●第 9 章● ポイント 9　モチベーション
〜活気あふれる企業を目指そう〜
「うちの従業員はやる気がない」と愚痴ばかり言っている人のために……………………………………**147**

　　　　1.　欲求　　　　　　　　　　　148
　　　　2.　動機づけ　　　　　　　　　150
　　　　3.　章の終わりに　　　　　　　160

●第 10 章● ポイント 10　社会性
　～企業と社会の関係～
「納税と雇用さえ果たしていれば」と企業の役割を
誤解している人のために ……………………………………… **161**
 1.　企業の社会的責任　　　　　　162
 2.　社会性に関連するキーワード　　165
 3.　章の終わりに　　　　　　　　171

あとがき ………………………………………………………… **172**

●序章●
10のポイントとその関係

この章では、経営を行う上で必要な10のポイントについて簡単に説明します。個々のポイントの詳細は後の章で説明しますので、この章で全体像を理解するように努めてください。

　プロ野球で有名な野村克也氏は、監督時代、「勝ちに不思議な勝ちあり、負けに不思議な負けなし」と言っていました。これは、江戸時代中後期の大名で肥前国平戸藩藩主であった松浦清の著書『剣談』にある言葉です。この言葉は、経営の世界にも当てはまります。

　私はコンサルタントという仕事柄、多くの経営者から相談を受けます。経営者が持ちかける相談は多岐にわたり、例えば「社員にやる気がない」、「売上があがらない」といったものがあります。しかし、それは表面上の相談内容に過ぎず、その経営者（またはその会社）が抱える問題の本質は、「社員に魅力的なビジョンを示せていない」、「自社の強みを育てていない」といったことなのです。

　これらの問題の本質は、10のポイントに分けることができます。前述した2つのケースはそれぞれ、第2章の「ビジョン」、第3章の「強み」でそれぞれ解説します。

　それでは、早速10のポイントについて見ていきます。次ページの絵を見てください。1から10の番号がポイントとなります。絵の下に一覧表にしてみました。

コラム　「相談する」とは、「自分の考えに彩りを与えること」

　経営者の中には、経営相談に来られる人と、自らの力で何とかしようとあまり他人の意見を聞きたがらない人がいます。

　もちろん、最終的に意思決定を行うのは経営者であり、その決定に対する責任も負います。誤った決定をしないために自ら学ぶとともに、いろいろな方からの意見を聞くことも大切なのです。賛成意見、反対意見、多くの意見があなたの考えに彩りを与えるのです。人の意見を聞くことは、経営者にとって大切なことです。

●序章● 10のポイントとその関係

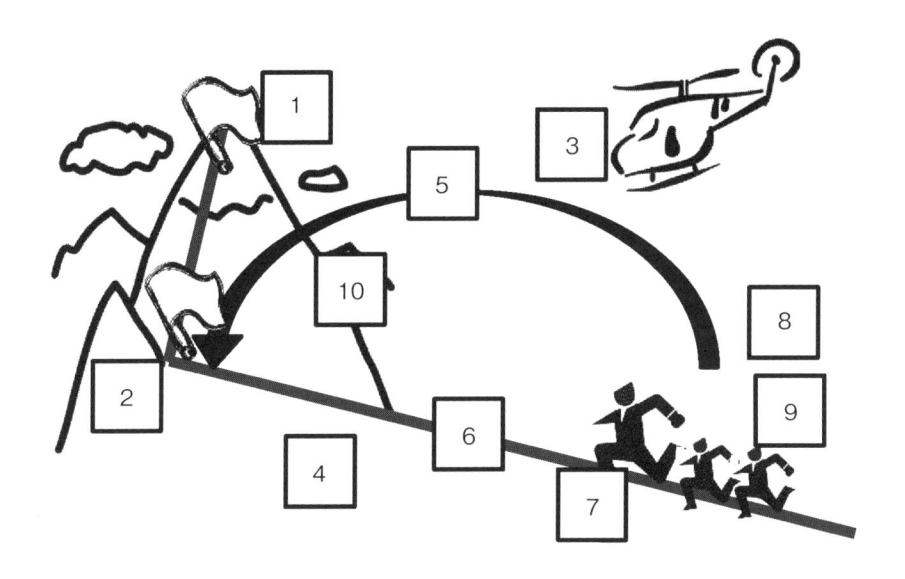

1	経営理念	あなたが会社を経営する本当の目的
2	ビジョン	会社の皆が輝く最高の未来
3	強み	未来に向かうために必要なアイテム
4	見通す力	強みを活かすために世の中を知る
5	経営方針	未来につながる確かな道
6	経営計画	未来からの逆算で組む本当の計画
7	経営者	経営者が果たすべき本当の役割
8	組織	未来を勝ち取る最強のチーム形成
9	モチベーション	活気あふれる企業を目指そう
10	社会性	企業と社会の関係

　まずは、とても高い山を想像してください。この山を登りきったところに、皆が幸せになれる世界が広がっています。従業員の皆さん、顧客の皆さん、地域の皆さん、皆が笑っています。そして、あなた自身もそのことがうれしくてたまりません。このような世界を目指していこうという山の頂上が、「経営理念」です。

しかし、山の頂上は雲がかかってよく見えません。一緒に山を登る従業員の皆も、あまりに遠い頂上に気後れしています。そこであなたは、「とりあえず、5合目を目指そうじゃないか。5合目には休憩所があって、とてもおいしい湧水があるんだ。そこで一緒に弁当を食べて休憩しよう」と励まします。これが、「ビジョン」です。皆が目指すべき目標です。その目標は光り輝き、皆が早くそこに行きたいと願い動き出します。

　そして、出発しようとしたところ、あなたの隣の幹部がこう言いました。「社長、5合目までどうやって行きますか。わが社には、車も自転車も、さらにはヘリコプターもありますが…」と語りかけます。さらにもう1人の幹部が、「でも、ヘリコプターって5合目に着陸できるんでしょうか？　土砂崩れで、車も通行止めになっていたりしないでしょうね」と心配ばかり。そこであなたは、「では、5合目にヘリポートがあるかどうか、そして土砂崩れは大丈夫かどうか、調べてくれ」と1人の幹部に依頼しました。ヘリコプターや車が、「強み」にあたります。そして、ヘリポートや土砂崩れの有無が、「見通す力」です。

　しばらくして幹部が、「ヘリポートはありませんが、土砂崩れは大丈夫です」と教えてくれました。そこであなたは、「じゃあ、車で行こう！」と決定します。これが、「経営方針」です。

　車で行くことに決定すると、道に詳しい社員が「それでは、100 km 進んだところにガソリンスタンドがあるので、そこで給油しましょう。そのついでに、トイレ休憩です。ここに15時までに到着すれば、夕方には5合目に到着できます。としますと、準備を13時までに終えて出発する必要がありますね」と言いました。これが、「経営計画」です。

　経営者であるあなたが5合目での楽しそうな姿を伝えたことによって、従業員がそれぞれ生き生きとしてきます。出発に向けて、団結力も強まってきました。これこそが、「経営者」の仕事なのです。

　スタートするにあたって複数の車で分かれて行くことになりましたが、どのように座席割をするのがいいでしょうか。どうすれば、計画通り進めるこ

とができるでしょうか。そこを考えるのが、「組織」です。そして、あなたは皆が楽しく前向きに目標を目指してほしいと願っています。そのために配慮すべきことが、「モチベーション」です。

　いよいよ出発することになりました。車はたくさんありますが、燃費がよく排気ガスを多く排出しないハイブリッドカーで行くことにしました。行く先々ではゴミを出しても持ち帰るように配慮し、山では木々を傷めないように配慮します。また、途中で困っている人を見つけては、「一緒に乗っていきませんか」と声をかけていきました。このように社内外問わず、皆が幸せでいられるように、そしてそれが持続できるように配慮し行動することが、「社会性」なのです。

　これらをすべて兼ね揃えた企業は最高です。なぜなら、経営者のあなたがまわりを見回すと、従業員、顧客、地域の人たちが、皆、笑顔で幸せなのです。そのような企業にしたいと思いませんか。

　それでは、次章からこれら10のポイントについて詳しく見ていきましょう。

●第1章●
ポイント1　経営理念
~あなたが会社を経営する本当の目的~

「商売はカネのため」と

つまらないことを

言う人のために

この章では、経営理念について説明します。多くの企業が経営理念を掲げており、素晴らしいと思うものがある一方で、これが経営理念といえるのかというものも少なくありません。経営理念は、営業的なスローガンではありません。企業にとって一番大切ともいえる経営理念をしっかり理解し、自らの経営理念を明確にして外部に発信していきましょう。

1．経営理念とは

（1）経営とは何か

　まずは、「経営」という言葉を成す「経」と「営」について考えてみましょう。少し固い話になりますが、皆さんに伝えたい大切なことが含まれているため、しばらくお付き合いください。

　「経」の字を漢和辞典で調べてみると、たくさんの意味があることがわかります。いくつか抜粋してみましょう。

　①たていと。たて。布を織るときの、まっすぐに通った織物のたていと。
　②つね。時代をたてに貫いて伝わる不変の道理。物事の筋道。
　③おさめる。筋道やたての線を引く。また、転じて、物事の大筋をたてて　　処理する。管理する。

参照『漢字源』（学研教育出版）

　これらから、「不変の道理を大切にしてものごとを行う」という意味が感じ取れます。もともとは「經」と書き、「巠」は機織り機でたて糸が3本まっすぐに張られた姿を表す字のようです。

　では、「不変の道理」とは何でしょうか。それは、次の「営」の字が表しています。「営」の字には、次のような意味があります。

　①ぐるりを取り巻いて守った陣屋。
　②周囲を取り巻く。
　③仕事を切り盛りする。

参照『漢字源』（学研教育出版）

　もともとは「營」と書き、「呂」は人や物の集まりを表し、そのまわりを

「熒」、すなわち炎で取り巻いた陣屋を表しています。

すなわち、「不変の道理」とは、商品やサービス（物）を大切にし、従業員や顧客（人）を守ることと考えられます。そのことを大事にしてものごとを行うことが、「経営」なのです。

（2）理念という言葉の意味

次は、「理念」という言葉です。辞典には、理念の意味が以下のように記載されています。

①理性で説明できる究極の概念。

②ものごとに対して、こうあるべきだという根本的な考え。

参照『漢字源』（学研教育出版）

これらから、理念とは「ものごとに対して、理性で説明できる究極的・根本的な考え方やあり方」とまとめられます。

（3）経営理念とは

それでは、「経営理念」とは何でしょうか。「理念」の意味に含まれる「ものごと」とは、この場合「経営」を指します。だから、「経営に対して、理性で説明できる究極的・根本的な考え方やあり方」ということになります。そして、「経営」とは「商品やサービスを大切にし、従業員や顧客を守ること」でした。ここから、「経営理念」とは、「『事業を通して従業員や顧客を守ること』に対して、自社の究極的・根本的な考え方やあり方を示したもの」とまとめられます。

この後、この説明に少し変更を加えますが、現段階ではこのように理解してください。

（4）事業の目的とは何か

皆さんは、何のために事業をされているのでしょうか。私が経営相談にあたるときによくある経営者とのやりとりが、以下のようなものです。

安　田：何のために事業をされているのですか。

経営者：お客様の満足のためです。

安　田：どうして、お客様を満足させなければならないのですか。

経営者：それは、お客様が満足しなければ売上も減るし利益も出ないからですよ。

安　田：ということは、利益が一番大切で、お客様の満足はそのための手段ということになりますね。お金儲けが一番大切ですか。

経営者：……

最後は「金儲け主義ですか」ともとれる嫌な質問を投げかけていますが、利益を追求することは悪いことではありませんし、企業の存続のために必要なことです。このやりとりには、まだ続きがあります。

安　田：でも、やっぱり自社の存続のために利益は必要ですよね。

経営者：そうそう。だから利益は必要なのです。

安　田：では、どうして自社を存続させなければならないのですか。

経営者：そりゃあ、会社が潰れたら従業員が困るじゃないですか。

安　田：ということは、従業員を守ることが一番大切で、利益がそのために必要で、だからお客様を満足させなければならないわけでしょうか。

経営者：……

やりとりはまだ続きそうですが、ここで止めておきます。

従業員を守ることを第一に考えている（ように見える）経営者も、その前提として、お客様を満足させなければならないことはわかっています。つまり、従業員を守るだけではなく、事業を通じてお客様に良い商品やサービスを提供し、地域を豊かにしようとしているわけです。また、その地域から従業員を雇用し、その従業員が精神的にも金銭的にも豊かな暮らしを送ることも、地域の豊かさにつながります。

(5) 自社の存在意義

顧客が喜び、従業員が豊かになり、地域も豊かになる。会社とは、事業を通してそのようなすごいことができるのです。顧客にとってなくてはならない会社、従業員にとってもなくてはならない会社、地域からも必要とされる会社……自分の会社を、そのような会社にしたいと思いませんか。その第一歩として、自社の存在意義を発信する必要があります。

> **コラム　顧客を満足させることって？**
>
> 　満足とは、何でしょうか。例えば、ワンコイン定食屋さんがあったとします。500円でごはん、お味噌汁、小鉢にメインのおかずがついた定食が食べられます。味も普通においしく、ボリュームもまずます。食べて胃袋を満たし、お客様は「ごちそうさま。また来るよ」と店員さんに声をかけ500円を渡して出ていきます。これが、「満足」です。でも、これって追求していかなければならないほどのことなのでしょうか。
> 　私は、「顧客を満足させることは最低限必要なこと」と考えています。これは、事業者として当たり前のことです。目指すべきはもっと上なのです。それは「お客様の想定を超えること」であり、それによってお客様は心を動かされるのです。これは「満足」ではなく、「感動」です。皆さんも「顧客満足」ではなく、「顧客感動」を目指してください。

①お客様にとって、自社はどうありたいか
②従業員にとって、自社はどうありたいか
③地域にとって、自社はどうありたいか

その究極的・根本的な考え方を表したものも経営理念となるのです。

2.「商売はカネのため」ではダメなのか

(1) 人間の欲求

　これまで、経営理念や事業の目的について説明してきましたが、「赤字で従業員の給料もままならないのに、地域とか言われても…」と感じる経営者もいると思います。目の前の問題が大きくて、そこまで考えが至らないこともあります。それは、「人間の欲求」を考えることで説明できます。次ページの図を見てください。これは、アメリカの心理学者アブラハム・マズローが考えた人間の欲求5段階と呼ばれるものです。

① 生理欲求

　人間が生きていくうえで本能的に発する欲求で、「お腹がすいた」、「眠たい」、「トイレに行きたい」などがこれにあたります。

② 安全欲求

　人間は生理欲求が満たされると、安全欲求を求めます。「安全・安心な暮らしを守りたい」という欲求です。暮らしを守ることも危ぶまれる状況では、次の欲求は芽生えてきません。生きていくのに必死な段階ともいえます。赤字に悩む経営者は、この段階にいると考えられます。

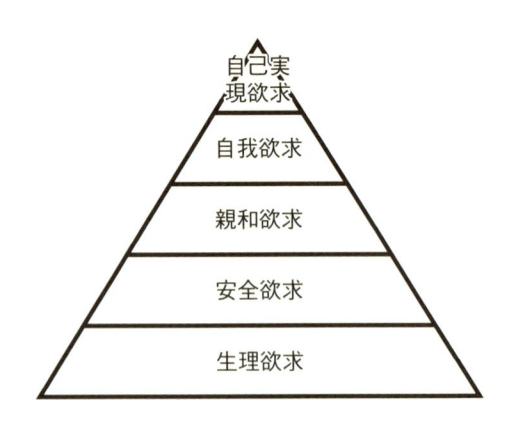

③　親和欲求

　社会的欲求とも呼ばれます。「集団に属したい」、「仲間と一緒にいたい」といった欲求です。この欲求が満たされないと、孤独感を感じたり社会に対する不安が募ったりします。ここでいう「集団」は会社、「仲間」は同僚と考えるとわかりやすいです。皆さんの会社に、孤独な従業員はいませんか。ぜひ、目を向けてあげてください。

④　自我欲求

　承認欲求とも呼ばれます。「他人から認められたい」、「尊敬されたい」という欲求です。集団の中で地位を求める欲求もこれにあたります。「他人」は、同僚や顧客と考えるとよいでしょう。

⑤　自己実現欲求

　最後は、自己実現欲求です。自我欲求が他人からの評価を求めるものであったのに対して、自己実現欲求は自分と向き合う欲求といえるでしょう。「自ら課題を見出し、目標を定め、進んでいく」という姿が思い浮かべられます。理想的な状態ですが、この欲求段階になるためには、その下の4つの欲求が満たされなければならないのです。

(2) 生きていくために利益は必要

現在の社会生活の中で、安全・安心な暮らしを守るためにはお金が必要です。お金は借りて調達することもできますが、継続的に安定してお金を得ることを考えなければなりません。まずは、安全欲求を満たすために利益が必要なのです。この部分をすっ飛ばして、「お客様のため」、「地域のため」と言っても空論でしかありません。

(3) その利益をどう生かすか

安全欲求が満たされたならば、親和欲求、自我欲求、自己実現欲求に進んでいくわけですが、経営者としてのそれぞれの欲求はどのように説明できるでしょうか。

① 親和欲求

「従業員と一緒に楽しく仕事ができる良い会社をつくりたい」という欲求と考えられます。そのために、利益をどう使えばいいかを考えることになります。

② 自我欲求

従業員に対しては「従業員に慕われる良い経営者でありたい」、顧客に対しては「お客様に支持され愛される良い会社でありたい」という欲求と考えられます。この欲求を満たすためにも、利益が必要です。

③ 自己実現欲求

安全欲求、親和欲求、自我欲求が満たされれば、「従業員が楽しく働いていて、皆が自分を慕ってくれていて、お客様からも喜んでもらえている」状態になります。

ここまでくれば、「この会社の経営者で良かった」と思えるのではないでしょうか。そして、自分の会社を維持し発展させていきたいという思いが強くなります。そのためにも、利益が必要です。

また、経営者という自分を客観的に捉え、自分の人生の充実を考えるようになります。自らの人生を最高のものにするために会社は不可欠となり、経営者として最高の生き方を追求する段階になります。

3. 経営理念で自社の存在意義を示す

「利害関係者」という言葉があります。事業を行っていく上で利害関係がある人や集団・組織のことをいいます。お客様（直接のお客様はもちろん、エンドユーザーも含みます）、従業員、株主、金融機関などの債権者、仕入先などの協力会社、地域社会、行政機関などです。自社が存在することで影響を受けるこうした関係者に対して、自社の存在意義を発信しなければなりません。

(1) お客様（顧客）に向けて

お客様から見た自社の存在意義は何でしょうか。お客様の要求は、「欲求を満たしたい」、「不満を解消したい」などです。良い商品やサービスを提供して、その要求が満たされ喜んだお客様の顔を思い浮かべてください。「ありがとう」と感謝してもらい、自らの「やっていて良かった」という気持ちが満たされる状態を思い浮かべてください。そのようなお客様に対して、自社の存在意義を発信するのが経営理念です。

(2) 従業員に向けて

次に、従業員から見た自社の存在意義について考えてみましょう。その前に、会社とは何かを考えなければなりません。会社とは集団や組織であり、その構成員は経営者や従業員などの人ですから、会社とは人そのものと考えることができます。会社が発展するとは、その構成員である人が発展することを意味します。従業員数が増えることは量的発展です。一人ひとりの従業員が自らを高め、やりがいを感じ、幸せになっていくことは質的発展といえるでしょう。

ここでも、マズローの欲求段階の考え方に基づき、従業員の安全欲求、親和欲求、自我欲求、自己実現欲求について考えてみましょう。

① 安全欲求

安全・安心に暮らしたいという欲求ですが、従業員自身はもちろん、その家族のことも含まれます。愛するものを守りたいという欲求も含まれると考

えてください。そのためには給料が必要であり、その原資になるものが売上や利益となります。従業員は自らの安全欲求を満たすために、経営者のリーダーシップのもと自ら力を発揮するのです。

② 親和欲求

皆と一緒に楽しく仕事がしたいという欲求です。立場も違えば利害関係も異なる従業員が、組織の中でそうありたいと思うわけです。お互いを尊重し、「お互いさま」、「おかげさま」の気持ちあふれる組織の育成に努めなければなりません。

③ 自我欲求

経営者が「従業員に慕われたい」と思うことと同じで、従業員にも「社長や皆から認められたい」という気持ちがあります。そのために成長の機会を継続的に与えることが大切ですし、その成長を認めることも大切です。また、前述の「おかげさま」の気持ちを大切にして、普段から「ありがとう」の言葉が行き交う組織をつくるべきです。もちろん、経営者自らがその言葉を投げかけることも重要です。

④ 自己実現欲求

ここでは、「幸せ」について考えてみたいと思います。人生の中では、さまざまな喜びがありますが、仕事を通した喜びは以下の3つに集約されるでしょう。

・今までできなかったことができるようになる（成長の喜び）
・困難な問題を乗り越え、大きな仕事をやり遂げる（達成の喜び）
・誰かの役に立ち、感謝の言葉を受ける（貢献の喜び）

こうしたことが満たされれば、「この仕事をやっていて良かった」、「この会社で働けて良かった」、「仕事が充実している」という満足感が得られます。やりがいや仕事に対する誇りも、大きくなっていくのです。従業員に自らの「幸せ」を追求できる場を提供することを、経営理念の中で発信すべきです。

(3) 地域に向けて

事業内容にかかわらず、会社は地域の資源を活用しながら活動していま

す。雇用は地域労働力の一部独占と考えられますし、道路・電気・水道等、地域インフラを利用しながら活動しています。その対価として報酬や利用料を払い納税もするわけですが、関係はそれだけではありません。

　より良い人材を獲得するためには、地域の学校が行う教育も大切な要素ですし、物流をもっと便利にするためには、道路整備の状況も関係してきます。会社は地域の一員としてその繁栄を望み、そのために何をすべきか意見や考えを発信すべきです。また、労働力やインフラを利用しながら、どのような商品・サービスを提供し地域の生活を豊かにしていきたいと考えているかも、経営理念として発信すべきです。

　「地域に対して」ではなく、「地域の一員として」なのです。地域を家族と捉えるとわかりやすいでしょう。家族の一員として、皆の幸せに対してどう考え、自分が担う役割とは何かを発信するのです。経営理念の中に、地域の繁栄の一翼を担うことも盛り込みましょう。

4．経営理念の作成

(1) 経営理念を文章化する意味

　ここまで、経営理念とは何か、誰に対して発信するのかなどを説明してきました。これからいよいよ、経営理念の文章化について説明していきます。まずは、文章にすることの意味から考えてみましょう。

　経営理念とは、自社の根本的な考え方やあり方を示したものです。経営者の頭の中にあるだけでは相手に伝わりません。「相手」とは、従業員、顧客、地域のことです。経営理念を文章化することで、経営者の想いが「自社の考え方やあり方」として相手に伝わります。従業員はその経営理念を理解し、「この会社で働き自らが幸せになる」ことを考え、顧客は「この会社の商品やサービスを利用することで自らが幸せになる」ことを考え、地域は「この会社が地域の一員として、ともに繁栄していく」ことを考えるのです。

(2) 経営理念の形

　経営理念を文章化する際に大切なことは、次の2つです。

・経営者の想いが込められていること
・従業員、顧客、地域など、発信する相手が理解しやすいこと

　想いが込められていない美辞麗句ばかり並べている経営理念は意味がありませんし、表現方法に凝りすぎて理解しにくい経営理念も問題ありです。もっとも単純に表現するのであれば、以下のようになります。

経営理念

・お客様にとって、自社は○○○○でありたい

・社員にとって、自社は○○○○でありたい

・地域の一員として、自社は○○○○でありたい

　多くの企業が、ホームページなどに自社の経営理念を掲載しています。「自分が好きなあの会社は、どのような経営理念を掲げているのだろうか」と考えながら、いくつか調べてみるといいでしょう。

(3) 経営理念文章化のポイント

① 事業コンセプトで考える

　ここで、経営理念を文章化する際のポイントをお伝えします。1つめは「事業コンセプトで考える」ことです。事業コンセプトは事業について基本となる考え方で「何を、誰に、どうやって」とシンプルに表現します。住宅の建築を手掛ける工務店を例にして考えてみましょう。

　工務店の事業コンセプトは、「地域のご家族、ご家庭に建築を通して住宅を提供する」といった文章に一般化されます。しかし、これでは経営理念になりません。仕事の内容を説明しているだけだからです。ここで皆さんに考えてほしいのは、この工務店に住宅建築を依頼したお客様の想いです。家を建てるには多額な資金が必要ですし、多くの場合は長期にわたる住宅ローンを組みます。どうしてそこまでして家を建てたいのでしょうか。話を深めるために、「目的」と「手段」について説明します。

この工務店が売っているものは何でしょうか。もちろん住宅です。それでは、お客様が買っているものは何でしょうか。こうした質問をするぐらいですから、答えは住宅ではありません。少し読み進めるのを止めて、考えてみてください。お客様は何を買ったのでしょうか。どうして住宅の購入を決めたのでしょうか。

　その理由は単純です。家族皆で幸せになれると思ったからです。お客様は「家族の幸せ」という希望を手に入れたかったのです。お客様の目的は、住宅の購入を通して幸せになることなのです。つまり、工務店にとって「目的」だった住宅の提供が、顧客にとっては「手段」だったとわかります。そう考えれば、自社の存在意義が見えてきませんか。

② どこまで広がるかを考える

　工務店の例は、顧客とエンドユーザー（消費者）が一致しているため理解しやすいと思います。しかし、直接エンドユーザーと取引をしていない企業の場合はどうでしょうか。

　例えば、産業用機械の部品に使われる金具を製造している会社があったと

コラム　社是、社訓とは

　いろいろな会社の経営理念を調べてみると、「社是」や「社訓」という言葉を目にすることがあります。経営理念と似た意味で用いられているようですが、どういう意味なのでしょうか。

　「社是」の言葉を成す「是」の字は、「正しいこと」を意味します。「是非」という言葉からもイメージできるでしょう。また、「是」には「まっすぐ進む」という意味もあるようです。企業として正しいと考えていることが「社是」であり、常にこれを追求していくのです。経営理念の考え方と似ています。

　「社訓」はどうでしょうか。「訓」の字には、「筋道を通した教え」という意味があります。「筋道」とは、経営理念、社是のことです。経営理念に基づき、社内で従い共有すべき教えなのです。「このように行動しなさい」という内容の社訓であれば、行動理念と共通する部分が多いといえるでしょう。

します。毎日同じ金具を製造し、直接の取引先は金具の卸会社だとすれば、なかなか存在意義が見い出せないかもしれません。特に製造担当者は取引先とも話す機会が少ないため、自分の仕事がどのように世の中で役立っているかイメージしにくいでしょう。

しかし、私たちのまわりにあるものに目を向けてください。何でも構いません。今この本を執筆している私のまわりには、身につけている腕時計やネクタイ、文章を打ち込んでいるパソコン、その横には携帯電話とコーヒーの入ったマグカップなど、さまざまなものがあります。これらはすべて工場で作られたものであり、その工場で日夜休まず動いているのが産業機械であり、そこで働いている人の姿も思い浮かびます。また、その産業機械そのものを製造している企業が必ず存在し、その企業はどこからかその部品を調達するわけです。

私たちの便利な日常生活は、製品や産業機械のメーカー、その部品メーカー、その取引関係にかかわる卸業など流通事業者、その他多くの企業によって支えられているのです。そのことに感謝すべきであり、感謝される側の企業には、そのことを誇りに持ってほしいと思います。

産業用機械の部品に使われる金具を例にとれば、その金具がなければ産業用機械が生産できませんし、その機械がなければ製品を消費者に届けることができないのです。金具一つが世界中に影響を与え、皆の幸せな暮らしを支えていることに気がついてほしいのです。

このように、目の前の顧客だけでなく、世の中全体を見渡す広い視野で自社の存在意義を考えてください。

③　幸せとは何かを考える

前にも触れましたが、ここでもう一度、「幸せ」について考えてみたいと思います。私は人の幸せとは、「安全・安心な暮らしのもと、守るべきものを守り、集団に属し、信頼され当てにされ、自らの喜びを追求していく」ことだと思っています。

人は、人との関わりの中で自らの幸せを見い出していきます。自分の幸せ

だけを追求することはできません。他人との関わりを踏まえた上で、自分とまわりの人たちの幸せを追求してほしいと思います。その考えに至るまで自らの人間性を育てるべきですし、経営者として従業員の人間性を育む役割を担うべきです。

5. 経営理念の発信

　ここまで、経営理念を文章化するために必要なことを説明してきました。ぜひ、文章化にチャレンジしてください。すでに経営理念を文章化している方は、その文章が経営理念と呼ぶにふさわしい内容になっているか確かめてください。多くの企業が、経営理念といいながら営業的なスローガンや顧客だけに向けたメッセージを掲げてしまっています。従業員や地域に対する想いも忘れないでください。

　文章化が終わったら、次はその経営理念を語る機会を持ってください。従業員、取引先、金融機関など、語るべき相手はたくさんあります。自社の存在意義を示した経営理念について、しっかり語ってください。

　きっと、最初は言葉を追っていくだけでシンプルな説明しかできないでしょう。しかし、回を重ねるごとに、伝えたいという想いも手伝って、さまざまな角度からの説明や例え話などが加わり、豊かな語りへと変化していきます。そして、説明の都度、自分の想いを再確認し、深めていくことにもつながります。

6. 経営理念の実践

　経営理念は経営者の想いですが、自社の究極的・根本的な考え方・あり方を示しているものですから、全社を挙げて実践していかなければなりません。全従業員が実践し、その恩恵を受けるのです。

　また、皆さんの会社は多くの人と関わり、多くの人の幸せに対して重要な役割を担っているはずです。経営理念の実践を通じて、こうした皆さんの幸せを全社で追求していくのです。そして、地域の一員として、地域の繁栄や

自分たちを含む地域の人々の幸せの一翼を担い、地域から必要とされ、なくてはならない企業を目指してください。

　経営理念を全社で実践するためには、その内容を全従業員に浸透させなければなりません。経営理念を浸透させるのは経営者の仕事、経営理念を追求するのは全従業員の仕事なのです。

　それではここで、あなたの思う経営理念を記入してください。まだ文章化していない人も必ずここで立ち止まって、うまく表現できなくてもいいですから、文章にしてみてください。

経営理念

---

7. 章の終わりに

　この章では、経営理念について説明しました。自社の存在意義を示す経営理念は、経営者のため、従業員のため、関係するすべての企業と地域のために掲げる必要があります。

　しかしその一方で、自社の存在意義がなかなか見い出せないこともあります。そんな場合は経営理念がつくれませんが、経営理念がなければ経営ができないかといえば、そうでもありません。今はまだ経営理念がつくれないという場合は、次の章で説明する「ビジョン」の構築から始めてください。

ビジョンとは夢のことであり、皆がワクワクする未来の姿です。こちらの方が、経営理念より身近かもしれません。皆がワクワクするビジョンの先に、経営理念が見え隠れしているときもあります。自社の進むべき方向をビジョンで確認した後、経営理念を再考することも１つのやり方です。

●第2章●
ポイント2　ビジョン
～会社の皆が輝く最高の未来～

「来年は売上倍増」と
誰も喜ばないことを
言う人のために

この章では、ビジョンについて説明します。ビジョンとは、夢や目標のことです。皆さんの会社でも、経営計画の中に目標を掲げていると思います。ただ、多くの会社が「来年度の売上は今年度と比較して…」といったように、業績中心の目標を掲げています。経営理念で自社の素晴らしい存在意義を示していながら、目標として定めたのは売上、利益など業績のことばかり…。経営理念とビジョンの関係は、どうなっているのでしょうか。ここでは、その関係とビジョンのあり方について解説していきます。

1．ビジョンとは

(1) ビジョンとは具体的な目標

　ビジョンとは将来構想のことで、目標といいかえることもできます。

　経営理念は、「『事業を通して従業員や顧客を守り、地域の一員としてその繁栄の一翼も担うこと』に対して、自社の究極的・根本的な考え方やあり方を示したもの」でした。その考え方のもと、目標として掲げるのがビジョンです。

　経営理念は「考え方やあり方」であるため、達成するものではなく追求していくものと考えることができます。追求ですから、ゴールはありません。永遠に続く道なのです。

　経営理念が道であれば、ビジョンはその道の途中にある通過点といえます。追求していく道の途中にある目標地点と考えてください。

(2) 期限について

　ビジョンは、経営理念を追求する道にある通過点・目標であると説明しました。目標が定まれば、次は「いつまでに到達すればよいか」を考えなければなりません。目標には期限がつきものなのです。その期限の長短によって、目標も呼び方が変わります。概ね、次のように分類されます。

短期目標	半年または1年
中期目標	3年または5年
長期目標	10年

それでは、ビジョンはどれぐらい先のことを考えればいいのでしょうか。ビジョンは、夢ともいいかえることができます。自社が目標とすべき理想的な姿を思い描いてください。夢ですから、短期的な問題を解決しただけでは物足りません。また、あまり先の姿を思い浮かべても、その夢に向かって突き進もうというモチベーションが生まれてこないでしょう。ある程度の変化が期待できる期間でいえば、やはり3年から5年の中期目標がいいでしょう。それなら、今からがんばれば手が届きそうで、かつ、今とは異なった姿を思い描くことができそうです。そこでここからは、ビジョンを5年後の理想像として説明を続けます。

(3) ビジョンとモチベーション

　少し話が逸れますが、経営者からの相談の中には、従業員のモチベーションに関するものが少なくありません。「従業員のやる気がない。もっと自発的に動いてほしい。どうしたらいいだろうか」というものです。モチベーションは「動機づけ」と訳されますが、動機とは取り組む理由のことです。従業員からは、「なぜ、その仕事に一生懸命に取り組まなければならないのか」という疑問や不満が聞こえてきそうです。その「なぜ」に対する答えを、経営者が示していないことが不満の主な原因です。

　こういうと、「わが社には、経営計画があって目標もしっかり示している」という声が、今度は経営者からあがりそうです。人は目標に魅力を感じなければ、モチベーションを発揮することができません。目標は取り組む人にとって魅力的なものであることが大切です。

　もう1つは、危機感です。危機感とは、どういったときに生まれるでしょうか。皆さんの日々の仕事を思い浮かべてください。例えば、得意先から依頼された見積の期限が今日までなのに、まったく進んでいない状態です。このとき、ほとんどの人は、ものすごい集中力を発揮します。「見積を仕上げる」という目的に「期限が今日まで」という条件が加わり、危機感が生まれています。危機感とは、目的に期限が決められている状態で生まれるものです。自発的に工夫しながら、集中して仕事をしてもらうためには、目的と期限が

必要なのです。5年後という期限がついているからこそ、そこに到達しようという目的意識を持って、自ら考えながら、集中して仕事を行うことができるのです。

　魅力あるビジョンが自発性を、期限が集中力を生むのです。期限のある魅力的なビジョンを示しているか。経営者がビジョンを示していないのであれば、従業員がやる気を出すわけがありません。

(4) 状態と行動

　では、ビジョンはどのように表現すればいいでしょうか。理解を促すために、1つ例え話をします。

　ある人は、現在、体重が85kgあります。これを今年中に80kgにしたいと考えており、食事制限やトレーニングなどさまざまな作戦を考えています。これをビジョンに表してみると、次のようになります。

　「今年の12月31日に体重が80kg以下になっている」

　これは、12月31日の「状態」を表しています。それを達成するために食事制限やトレーニングを行うのですが、多くの人がそのことを目標に掲げてしまいます。例えば、以下のような感じです。

　「間食はせず、夜9時以降は何も食べないようにする」
　「週に2回はジョギングして汗を流す」

　これは、12月31日までの「行動」を表しています。「行動」は「状態」をつくり出すための作戦ですから、目標にすべきではなく、方針や計画のところで考えればいいのです。

状態	・目標とする姿 ・ビジョンには「状態」を記す
行動	・目標に向かう作戦 ・方針や計画で検討する

2．経営理念とビジョンの関係

　ビジョンは経営理念追求の通過点なのですから、経営理念とビジョンには、密接な関係があります。経営理念には、自社と従業員、顧客、地域との関係が示されており、自社が企業としてどう考え、どうありたいかを表しています。ですから、ビジョンにも、従業員、顧客、地域との関係が５年後どのようになっていたいのかを盛り込むべきなのです。

(1) 従業員

　従業員は企業として守るべきものである一方で、経営理念追求の実践者という役割を担います。従業員が経験を積み力を育むことで、企業は競争力を強化し収益を生み、従業員を守ることになります。ビジョンの中で従業員について掲げるべき項目は、概ね以下の通りです。

① 従業員数

　企業の繁栄という意味で、従業員数は数値化しやすい項目です。もちろん、ただ増やせばいいというわけではなく、事業内容に見合う従業員数を設定すべきです。

　また、自社で働くことで従業員が仕事にやりがいを感じ、自らの人生が豊かになり幸せになれるのであれば、そうした仲間を少しでも増やしていきたいと考えることも当然です。一緒に働いて、幸せになる仲間を増やしていくという目標が当然あるべきなのです。

② 組織体制

　多くの経営者が、今の組織体制に不満を持っています。人材不足で手が回らず、後手に回っている業務がたくさんあるからです。

　「本当は新規開拓営業をしなければならないのに、今の業務で手一杯で何もできていない」

　「新しい商品開発に取り組みたいのに、人材が育っていない」

　「もうすぐベテラン技術者が退職するのに、技術承継が進んでいない」

　「海外にも進出していきたいが、適任者がいないし情報収集すらできてい

ない」

　このような問題を認識していながら、何もできていない企業が多いのです。ビジョンには、そうした問題が解決した姿を描くべきです。「問題が解決した姿」を示すことで、気持ちが前向きになり執着できる目標となるのです。

　組織の形態にはさまざまありますが、ビジョンの段階では形にこだわる必要はありません。形より機能している状態を思い描いてください。例えば、「営業担当者が新しい顧客を開拓するために毎日走り回っている」というビジョンでも構いません。この文章から、次のようなことが読み取れます。

・新規顧客を開拓したい
・営業担当の専任者を置きたい
・活発な営業活動を行いたい

　それでは、どのようにすればこのビジョンが実現できるか。その作戦を明らかにするのが経営方針となります。

③　従業員のスキル

　次は、従業員のスキルについてです。業種業態によっては、資格者の数が事業に大きく関わってくるものがあります。その場合は、資格の保有者の数や保有する資格の種類などがビジョンの中に表れてくるでしょう。

　資格者のことをビジョンに盛り込む際には、「何のために資格者を増やすのか」を考えてください。介護事業の1つであるデイサービスを例に考えてみましょう。新しい拠点を増やそうと考えた場合、有資格者を配置する必要が出てきます。そのために有資格者を増やしたいのであれば、ビジョンは「新しいデイサービス拠点が増えている」となるでしょう。そのために、有資格者を増やす必要があるわけです。もちろん、「有資格者が増え、新しいデイサービス拠点ができている」としても構いません。

　では、品質など自社の競争力向上のために技術やスキルを磨きたいという場合、ビジョンはどのように描けばいいでしょうか。「品質を高めるために技術を磨く」は「行動」であって「状態」ではありません。「従業員の技術

レベルが上がり、品質が向上している」とするべきでしょう。

ここで、1つ提案があります。それは、「技術レベルが上がり」という文言についてです。この表現からは、技術レベルに段階があるように思えます。その段階は、もちろん企業によって違います。そこで、自社の技術レベルを段階別に文章化することをおすすめします。なぜなら、技術を担当する従業員の目標が明確になるからです。目標と期限の組み合わせがモチベーションを生むことは既に説明しました。第6章の経営計画や第9章のモチベーションの説明も参考にしてください。

④　従業員の満足度

従業員は皆、安全で安心に暮らし、企業の中で楽しく仕事をし、やりがいや誇りを高めながら自らの人生を豊かにしたいと考えています。マズローの欲求5段階を思い出してください。従業員の幸せの追求が経営理念に込められている以上、この欲求の段階を高めていくことが望まれます。

従業員満足度（Employee Satisfaction）という言葉があります。業務の内容や職場における環境、上司や同僚との人間関係などについての満足の度合を表したものです。もちろん、給与や待遇についての満足度も含まれます。

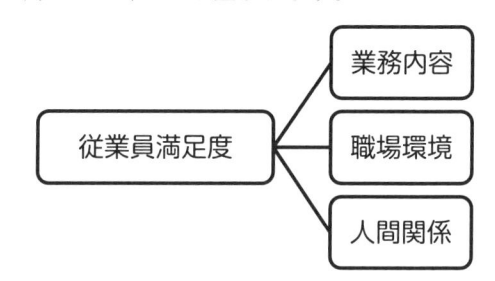

欲求5段階に対応した従業員満足度をアンケート方式で調査し、その改善を図ることが重要です。アンケートの方法などは後述しますが、ビジョンとして「従業員は皆、自分の仕事にやる気、やりがいをもって取り組んでおり、従業員満足度の平均が90点を超えている」といった表現が考えられます。

(2)　顧客

次は、顧客についてです。事業の目的とは、「お客様を満足させることで利益を得て、会社を存続させ社員を守ること」ですから、お客様を満足させることができなければ、事業そのものが成り立ちません。「お客様を満足さ

せる」ことを考える際に「どのようなお客様」を「どう満足させるか」と、2つに分けると整理しやすいでしょう。

① ビジョンに描くお客様

「どのようなお客様」とは、ターゲット顧客のことを指します。顧客を分類すると「消費者」、「顧客」、「ターゲット顧客」の3つになります。

・消費者（consumer）：商品やサービスを消費する人々。エンドユーザーと呼ばれることもあります。
・顧客（customer）：自社から見た直接のお客様。得意先、取引先。
・ターゲット顧客（target customer）：自社にとって理想的な顧客。自社の存在価値を十分活かすことができる顧客ともいえます。

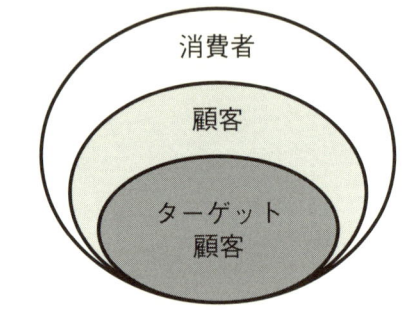

皆さんの会社にとって、ターゲット顧客とはどのような顧客でしょうか。マーケティングの手法に、セグメンテーションというものがあります。個人や企業の属性や特徴が類似するものをグループ化して、ターゲットとすべき顧客を特定し、そのターゲット顧客の考え方や好みに合わせて商品開発や営業活動を行おうとするものです。個人の属性は、一般に人口統計的な属性と個人の心理的属性に分類されます。企業を分類する属性とあわせて、一覧を図に表しました。

人口統計的属性 （デモグラフィック）	心理的属性 （サイコグラフィック）	企業的属性
・年齢 ・性別 ・居住地域 ・家族構成 ・ライフサイクル ・所得 ・職業 ・学歴　など	・ライフスタイル ・価値観 ・性格 ・趣味 ・嗜好 ・興味 ・関心　など	・業種 ・業態 ・業務 ・売上規模 ・従業員数 ・地域　など

●第2章● ポイント2 ビジョン

　例えば、理容・美容業に対するホームページや広告などの販路開拓支援を得意とする広告会社で考えてみます。理容・美容業といっても業態はさまざまで、男性向け・女性向けの違い、価格帯の違いもあります。そこで、「性別」、「価格」の属性を軸として図に表してみました。

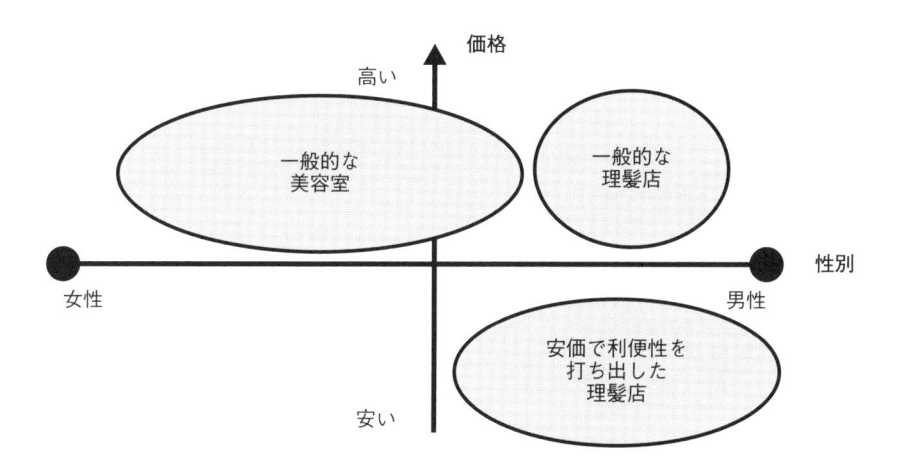

```
                        価格
                         ↑
                  高い   │
         ┌─────────────┐ │    ┌──────────┐
         │   一般的な   │ │    │ 一般的な │
         │   美容室    │ │    │  理髪店  │
         └─────────────┘ │    └──────────┘
    ●━━━━━━━━━━━━━━━━━━┼━━━━━━━━━━━━━━━●  性別
   女性                 │                男性
                        │    ┌──────────┐
                        │    │安価で利便性を│
                        │    │  打ち出した  │
                        │    │   理髪店    │
                        │    └──────────┘
                  安い   │
```

　この図から、理容・美容業界は3つのグループに分けられます。男性向けの一般的な理髪店、主に女性向けの一般的な美容室、男性向けに安価で利便性を打ち出した理髪店です。また、数年前から、図の空欄の部分、すなわち、安価で女性向けのエリアを狙った美容院が出てきましたが、認知度が低いため苦戦しているようです。新しい業態のビジネスは、認知されるために多大な広告宣伝費がかかるなどデメリットもありますが、成功すると先駆者として得られるメリットも大きくなります。

　この中のどのグループに属するかによって、広告や宣伝の方法は異なりそうです。広告会社である自社にとって、理想的な顧客や今後増やしていきたい顧客はどのグループなのかを考える目安とすることができます。皆さんもこのセグメンテーションで、自らのターゲット顧客を明確にしてください。

② 顧客感動

　ターゲット顧客が定まったら、その顧客を「どう満足させるか」を考えま

す。第1章のコラムで、ワンコイン定食屋のことをお話ししました。顧客の想定や期待に応えることが顧客満足であり、想定や期待を超えていくことが顧客に感動を与えるのです。顧客満足を果たした上で、顧客感動を目指しましょう。

では、そのためにはどうしたらいいでしょうか。それは「顧客の想定や期待」を知ることから始まります。詳しくは、第5章で説明します。

(3) 地域

第1章で、「企業は、地域の一員としてその繁栄の一翼を担う」と説明しました。地域の繁栄に対して、どのようにアプローチすればいいでしょうか。これには、以下の2つの考え方があります。

- 自社が地域の一員であることから、自社が事業を成長させることがそのまま地域の繁栄に貢献するという考え方
- 自社の事業以外で地域（またはその地域の人たち）の安全・安心な暮らしに貢献するという考え方

それでは、一つずつ説明していきます。

① 自社の繁栄

まず、企業城下町のことをイメージしてください。企業城下町とは、特定の企業の事業所や工場、さらにはその関連会社、系列会社などが1つの自治体における産業の大部分を占めることで、地域住民の雇用を生み、納税により自治体の収入に貢献し、企業の繁栄が地域の繁栄に直結している状態をいいます。日本には、茨城県日立市（日立製作所）、千葉県浦安市（オリエンタルランド）、静岡県磐田市（ヤマハ発動機）、大阪府門真市（パナソニック）、徳島県鳴門市（大塚製薬）、福岡県北九州市（新日鐵住金）など、多くの企業城下町が存在します。

こうした大手企業は雇用も税も大規模なものとなりますが、日本の企業数の99％以上を占める中小企業も、一つひとつの規模は小さくても地域に貢献していることは確かです。それぞれの企業が地域で良い商品・良いサービスを提供し、雇用を生み、税を納めながら成長していくことが地域の繁栄に

② 地域の安全・安心な暮らしに貢献

　地域の安全・安心な暮らしに貢献するといえば、社会貢献活動のことかと思うかもしれません。もちろん、地域の清掃活動や集団献血などに参加することも1つの方法ではあります。しかし、地域の一員として、地域の将来を考え、地域にどうあってほしいか、自らの考えを発信することも大切です。

　現在、多くの自治体で、産業振興のための条例やプランの策定が行われています。策定のための準備委員会では委員を公募形式で集める場合が多く、こうした委員に応募して準備委員会に参加し、企業側の立場から自らの考えを発信することも大切です。

　さまざまな形がありますが、最初はまず、地域の人たちに自社のことを知ってもらうことから始めましょう。自らの考えを発信するといっても、どこの誰だかわからない状態では意見を聞いてもらうこともできません。「町内会の会合に顔を出す」、「地域の人を呼んでバーベキュー大会を開催する」など、すぐに思いつくような方法もあります。方法は後回しで構いませんので、地域との関わりについてのビジョンも考えていきましょう。

> ### コラム　子ども110番の家
>
> 　皆さんは、「子ども110番の家」という仕組みをご存知でしょうか。凶悪犯罪から子どもたちを守ろうという取組みです。具体的には、子どもが不審者からの「声かけ」や「つきまとい」などの身の危険や不安を感じたときに駆け込む避難所を「子ども110番の家」として地域に設け、防犯に役立てようというものです。
>
> 　企業はその事務所、工場に人がいることが多いので、避難所に適しています。自治体の担当部署に問い合わせてみてください。登録ができたら、従業員の皆さんと子どもを保護する方法や手順について話し合い、訓練も行ってください。子どもは地域の宝です。皆で大切に守っていきましょう。
>
> 　地域とのつながりもでき、費用もかかりません。「地域の一員として、事務所・工場が『子ども110番の家』に登録している」というのは、素敵なビジョンの1つだと思いませんか。

3. ビジョンを描く

(1) 最高の未来を描く

これまでビジョンについて説明してきましたが、いよいよビジョンを描く方法について説明します。ビジョンは5年後の理想像ですから、想像で構いません。ただし、注意すべきことは「自分の考えた理想像」ではなく、「皆で考えた理想像」でなくてはならないことです。皆で考えた理想像なら、皆にとって魅力的で、達成意欲もわいてくるはずです。その理想像の中で自分が輝いている姿を思い浮かべられなければ、達成意欲も生まれてきません。

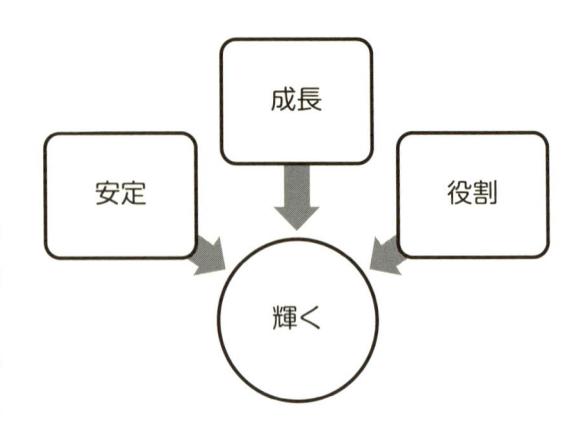

皆が輝く最高の未来を描いてください。「輝く」ために必要なのは、第1に安定、次に成長、そして役割を担うことです。「役割を担う」とは、誰かに必要とされることで、その誰かから感謝される喜びを感じることができることを意味します。

従業員が皆、自らの安定、成長、役割をビジョンの中に見い出せることが一番大切なのです。

① 従業員の未来を描く

それでは、最初に従業員に対する未来を描いていきましょう。考えるべきことは前述の通り、安定、成長、そして役割です。次のページにワークシートを用意しました。このようなシートを作成して記入していくと整理しやすく、将来のイメージもわきやすいでしょう。個人の属性は氏名と年齢だけですが、家族構成やその家族の年齢などを入れると、従業員とその家族にまで

●第2章● ポイント2 ビジョン

ビジョン検討シートの例（従業員）

No	氏名	年齢	安定	成長	役割	備考
1	○○○○	48／43	支給月額 35→45（万円）	新たに○○の資格を取得	5,000万円以内の案件でリーダーがこなせる	今後は技術担当のリーダーとして若手育成にも力を発揮してほしい
2						
3						
︙						
【福利厚生】						

　思いを巡らせることができて効果的です。年齢欄には、現在の年齢とビジョンの目標となる5年後の年齢を併記します。

　安定、成長、役割の欄に、どのように記入したらいいかわからないという方が多いと思います。その理由は、従業員が成長していく姿をイメージできていないからです。入社後の従業員の成長過程を定めたものを、キャリアプランと呼びます。キャリアプランが定まっていると、入社してからの年数に応じた従業員のあるべき姿、求められる能力や役割、その処遇などが明確になります。詳しくは、第6章で説明します。

　また、ワークシートには福利厚生欄も設けました。年に1度は社員旅行に行きたいと思っている方も多いと思います。「皆で一緒に楽しもう」という思いを福利厚生欄に記入してください。

② 顧客の未来を描く

　次は、顧客について考えていきます。自社が経営理念に従って存在価値を

発揮し、喜んでもらう対象の顧客について、どのように未来を描けばいいでしょうか。

まず考えるべきは、前述したターゲット顧客のことです。今までと同じターゲット（既存顧客層）と新しいターゲット（新規顧客層）の両方を考えなければなりません。そして、顧客に喜んでもらうための事業についても、既存事業と新規事業が考えられます。これらの組み合わせを整理すると、次の表のようになります。

	既存顧客層	新規顧客層
既存事業	市場浸透	新市場開拓
新規事業	新規事業開拓	多角化戦略

・**市場浸透**

これまでのターゲット顧客層に対して既存事業を展開します。ターゲット顧客も事業も同じですから、シェアを高めていくことが主になります。

・**新市場開拓**

既存事業を他の顧客層に展開します。例えば、営業エリアを拡大し、これまで展開していなかったエリアに対してこれまでと同じ商品・サービスを提供していきます。

・**新規事業開拓**

これまでの顧客層に対して新しい商品・サービスを提供します。例えば、介護リフォーム事業の顧客に対し新たに介護用品のレンタルを行う場合などが該当します。

・**多角化戦略**

異なる顧客層に新しい商品・サービスを提供します。これまでの経験や情報が使えないため、失敗する可能性が高くなります。地域密着の飲食店が、インターネットで雑貨を販売するといった例が当てはまります。

次のページに、ワークシートを用意しました。「どのようなお客様」を「どう満足させるか」、しっかり考えてください。

ビジョン検討シートの例（顧客）

	既存顧客層	新規顧客層
既存事業	【市場浸透】 ・○○市エリア内で、新規の顧客が約○％増加している。 ・○○市内の顧客満足度が、○点を超えている。 ・1年に1度の顧客感謝祭（夏まつり、BBQ大会など）が恒例となっている。	【新市場開拓】 ・新たに○○市に営業所を開いている。 ・○○市内で、新規顧客が○社開拓できている。 ・○○市内のお客様の顧客満足度が、○点を超えている。
新規事業	【新規事業開拓】 ・○○市エリアのお客様アンケートの結果から、新たな事業の柱が試行的に実施されている。	【多角化戦略】 ・新たにシニア層向けの商品・サービスを展開しようと模索している。

③ 地域の未来を描く

最後は、地域に関するビジョンです。前述の通り、地域との関わりについての考え方には2通りあります。1つは自社事業を通した地域への貢献、もう1つはそれ以外の（自社事業を通さない）地域への貢献です。この2つの観点から、地域に対するビジョンを描いてください。

> **コラム 「3本の矢」ならぬ「3つの『や』」**
>
> ビジョンを描く際、考えてほしいことがあります。それは、「3つの『や』」です。「3本の矢」でしたら毛利元就やアベノミクスのことを思い出す人が多いでしょう。3つ合わさって強くなるという意味では、「3つの『や』」も同じです。
>
> 　1つ目の「や」：やりたいか
> 　2つ目の「や」：やるべきか
> 　3つ目の「や」：やれるか
>
> 　まずは、自分が「やりたい」と思うビジョンを描くことです。「やるべきか」は、経営理念に地域性が含まれていれば自ずと答えはYesになるでしょう。最後が、「やれるか」です。できるかどうかを重視したら、ビジョンは小さく夢のないものになってしまいますが、到底不可能なものをビジョンに掲げるのも問題です。少し背伸びして、「やれる」と思い込めるくらいのビジョンを描いてください。

ビジョン検討シートの例（地域）

自社事業を通した地域への貢献	・自社商品○○の利用者が増え、より快適な暮らしができている。 ・利用者の集いが開催され、利用者同士の交流が生まれている。 ・○○地域から新たに○名の従業員が雇用できている。
それ以外の地域への貢献	・○○地域の「子ども110番の家」として登録している。 ・○○地域の防災訓練に従業員から数名毎年参加している。 ・地域の条例策定に対して意見を述べたり、準備委員会に参加するなどしている。

（2）経営方針との関係

　これまでビジョンについて説明してきましたが、ビジョンと経営方針との違いは何なのでしょうか。経営方針については第5章で詳しく説明しますが、ここで簡単に触れておきます。

　経営方針とは、ビジョンを達成するための作戦や方策のことです。どうやってビジョンに到達するか、その考えを示したものが経営方針なのです。そのため、ビジョンと経営方針はまったく違うものといえますが、実は明確に切り分けることが難しいときもあります。

　例えば、「○○市に新たに営業所を構え、○○市内の顧客が増えている」というビジョンには、「○○市内の顧客を増やしたい」という思いが込められています。そのための作戦が、「新たに営業所を構える」なのです。それならば、「新たに営業所を構える」ことはビジョンを達成するための作戦ですから、経営方針が「新たに営業所を構える」となります。

　ここで、ビジョンと経営方針をあえて明確に分けてみると、

　ビジョン：「○○市内の顧客が増えている」

　経営方針：「○○市内に新たに営業所を構える」

となるのですが、実は新たに営業所を構えることが経営者の夢であったりします。夢を描いたものがビジョンなのですから、夢が込められた作戦や方策は、経営方針でありながらビジョンの一部を成すものと考えてください。ですから、この場合のビジョンは最初のままで構わないのです。言葉の意味

を厳密に捉えすぎて、夢の部分をそぎ落とさないように注意してください。
（3）経営計画との関係
　次は、経営計画との関係です。計画とは、目標を達成するために将来どのように行動するかを定めたものです。「どのように」の中には、行動の内容とそのタイミングや期限が含まれていると考えてください。

　ビジョンも「5年後」といった期限が定められていますので、計画と似ていると思われるかもしれません。しかし、ビジョンが示すのは「状態」であって「行動」ではありません。この章の最初に説明した「状態と行動」の項を参照してください。経営計画については、第6章で詳しく説明します。

4．章の終わりに

　この章では、ビジョンについて説明しました。もう安易に、「来年は売上倍増」とは言わないでしょう。誰も喜ばないビジョンを掲げられたら、社員をはじめまわりの人たちは不幸になります。笑顔があふれる会社にしたいのであれば、皆で夢を語りましょう。そして、どうやったら夢が実現するのか、皆で頭を悩ませましょう。誰もが目指したい夢であれば、実現しようという力がわくものなのです。共有できる夢は、皆を一体にするのです。

　皆がワクワクする夢を語ることができる経営者を目指してください。

●第3章●
ポイント3　強み
～未来に向かうために必要なアイテム～

「わが社に強みなんてない」と

失礼なことを

言う人のために

この章では、企業の強みについて説明します。強みにあわせて、弱みにも触れていきます。多くの企業は、たくさんの強みと弱みを持っていますが、ここではビジョン達成のために生かせる強みと克服すべき弱みがテーマとなります。ビジョン達成に関係のないものは、たとえ世界一を誇る強みであっても関係ありません。

　ビジョンを持たずに強みと弱みを分析することはおすすめしません。特に弱みはきりがなく、克服するためには投資と時間を要します。しかし、克服したとしても生きてこないのであれば無駄に終わってしまいます。だから、ビジョンが大切なのです。ビジョンをしっかりと定めてから、強みと弱みについて考えていきましょう。

1．強みと弱み

（1）強みとは何か

　ビジョンという目標を達成するために有効に活用できるものが強みです。弱みとあわせて内部環境と呼ぶ場合がありますが、今の時代は弱みを克服するよりも強みを伸ばすことに力を注いだ方が効果的です。

　繰り返しますが、強みとはビジョン達成に向けて有効に活用できるものに限ります。ビジョンに向かって役に立たないものは、どんなものでも強みとはいいません。逆に考えれば、自社の強みが生きるビジョンを設定すべきなのです。

　強みは、顧客がエンドユーザー（消費者）である場合、「顧客の目的をより優位に満たすことができるもの」といえます。しかし、企業向けの事業の場合はどうでしょうか。顧客側の企業にとって、自社は協力会社という立場になります。企業が協力会社に求めるのは、業績をあげるために売上向上かコストダウンに貢献してもらうことなのです。

（2）弱みとは何か

　強みを詳しく説明する前に、弱みについても触れておきます。弱みとは、他社と比べて劣っているところですが、強みと同じくビジョンとの関係が重

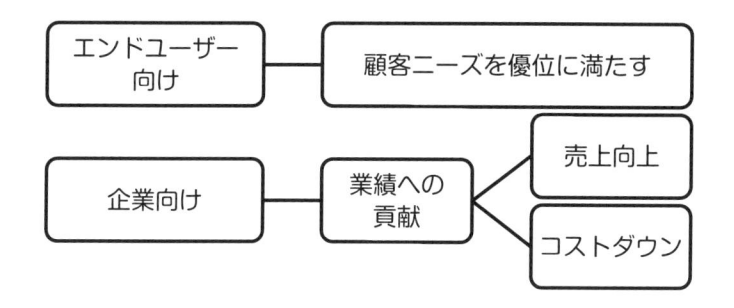

```
エンドユーザー向け → 顧客ニーズを優位に満たす
企業向け → 業績への貢献 → 売上向上
                      → コストダウン
```

要です。ビジョン達成に影響しないことであれば、弱みではありません。ビジョン達成に向けて克服すべきものを洗い出し、対策を考えなければなりません。

(3) 強みをどう表現するか

さまざまな経営者に自社の強みを尋ねても、なかなか適切な答えが返ってきません。ある経営者は「品質です」と答え、ある経営者は「腕の良い技術者です」と答えます。

この２つの答えは、実は答えの土俵が違います。「品質」は結果であり、「腕の良い技術者」は要因なのです。すなわち、「腕の良い技術者がいるから、うちの製品は品質が良い」ということなのです。結果と要因が組み合わさってはじめて、強みや弱みの適切な表現になります。ここでは、結果を「競争力」、要因を「経営資源」と呼びます。優れた経営資源があるからこそ、競争力が生まれるのです。強み、弱みを分析する際は、経営資源と競争力の組み合わせで考え、強みを述べるときには、「○○○という経営資源によって、○○○という競争力が優れている」と表現してください。

2. 経営資源

経営資源とは、企業の事業活動の中で必要なもののことで、ヒト、モノ、カネ、情報の４つに分類されます。

① ヒト

経営資源の１つ目は、「ヒト」です。ヒトといえば、まずは従業員のこと

を思い浮かべるでしょう。他にも、組織、企業風土、協力会社のことも含めて、ヒトと考えてください。機能的に活動できる「組織」、風通しのよい「企業風土」、いつも無理をきいてくれる「協力会社」などです。

例えば、新鮮な海鮮丼が売りの食堂があったとします。「新鮮」とは品質のことですから、競争力にあてはまります。それでは、なぜ新鮮なのでしょうか。この食堂の近くには漁港があり、漁師さん数名が新鮮な魚介類を卸してくれる契約をしていたとします。その場合、経営資源はその漁師さんということになります。前述した表現方法に従えば、「漁師さんが直接魚介類を卸してくれるので、海鮮丼が新鮮でおいしい」ということになります。

② モノ

次は、「モノ」です。一般に、製品や商品のことをいいますが、サービス業の場合はサービスも含めてください。企業が販売するもので、売上のもとになるものと考えるとわかりやすいでしょう。さらに、製品を作り出すために必要な材料や機械設備、サービスを提供するための店舗なども含まれます。先の食堂の例では、「海鮮丼」はもちろん、「新鮮な魚介類」は材料なので、モノに含めて考えるといいでしょう。

製造業やサービス業では、提供する製品、サービスで差別化を図ることになりますが、卸売業の企業ではどう考えればいいでしょうか。扱っている商品は、経営資源として「モノ」に含まれますが、競争力の要因にはなりにくいものです。しかし、他社には真似のできない品揃えは競争力になります。その場合は、「商品」が要因になりますが、加えて仕入先（協力会社）や目利きができる仕入担当バイヤー（人材）も要因に含まれます。

③ カネ

3つ目は、「カネ」です。一般に企業経営でいうカネとは資金力のことですが、それだけではありません。収益力など、財務状態のことも含まれると考えてください。また、「モノ」に含まれているとも考えられますが、担保となる土地などの資産についても担保力として「カネ」と考えることができます。

> **コラム　強みは顧客によって異なる**
>
> 　強みが生きるかどうか。それは、ターゲット顧客をどこに設定するかにも関係してきます。スーパーマーケットの野菜売場を例に説明します。無農薬（あるいは有機）野菜売場が特別に設けられていることがありますが、同じ野菜でも値段が少し高いのが特徴です。その横で、無農薬ではない同じ野菜が、安い値段で販売されています。どちらの野菜を買うかは、顧客層によって変わってきます。品質にこだわる顧客、値段にこだわる顧客、それぞれ好みが違うので、提案する野菜も違うわけです。
>
> 　農家の立場になって考えてみてください。ターゲット顧客を「値段にこだわる顧客」と設定したのに、無農薬であることや、肥料、育て方にこだわっていては、ターゲット顧客の心に響いてきません。値段にこだわる顧客の心に響く強みは、「値段が安いこと」だからです。
>
> 　それでは、万人受けする「強み」とは何でしょうか。顧客によって好みはさまざまですから、多くの要求に応えるうちに特徴がそぎ落とされ、いつの間にか特徴そのものがなくなってしまいます。「無農薬で、価格にも徹底的にこだわった野菜」は実現が困難で、「そこそこ品質にこだわり、そこそこ値段も安い野菜」という、中途半端で何も特徴がないことになりますので注意してください。

　資金力も単に金額のことをいうのではなく、キャッシュ・フロー（資金の流れ）を意味します。事業で資金が増える状態なのか減る状態なのか、さらには借入の状況なども含まれます。

　収益性やキャッシュ・フローについては、第6章で詳しく説明します。

④　情報

　最後は、「情報」です。情報といえば、インターネットなどで集めるものをイメージしますが、誰もが入手できるものでなく、自社だけが持つ有用な情報もあるでしょう。そうした情報をもたらしてくれる情報源との「ネットワーク」が経営資源となります。得意先などの顧客情報も大切な経営資源ですし、販路開拓などに使われる見込み客の情報なども含まれます。また、自社で取得した特許などの工業所有権、製造や営業などのノウハウも大切な情報の1つです。

ヒ ト	モ ノ	カ ネ	情 報
・人材 ・組織 ・企業風土 ・協力会社	・製品・商品 ・サービス ・材料 ・設備・建物	・収益力 ・資金力 ・担保力 ・財務状態	・ネットワーク ・顧客 ・ノウハウ ・工業所有権 　（特許など）

3．競争力

　経営資源によって、どのような競争力が生み出されるのでしょうか。競争力は、品質（Quality）、コスト（Cost）、納期（Delivery）、サービス（Service）、環境（Environment）の5つに分類されます。頭文字を取って、Q・C・D・S・Eと覚えてしまいましょう。それぞれの競争力の中身を表にまとめました。

分　類	例
品　質	デザイン、機能性、効率性（資源、時間）、保守性、障害許容性、回復性、運用性、安定性　など
コスト	購買能力、生産能力、改善能力　など
納　期	生産能力、協力会社、5S、ワンデーレスポンス　など
サービス	無料点検、運用メンテナンス、維持管理、ポイントシステム　など
環　境	環境負荷低減、産廃リサイクル、環境保全　など

① 品質（Quality）

　まずは、品質です。表に示したように、多岐にわたります。例えば、品質の「機能性」が強みだという場合、その強みをもたらす経営資源は「人材」、「材料」、「設備」、「特許」といったものでしょう。

② コスト（Cost）

　次は、コストです。コストとは、顧客側から見た言葉と考えてください。提供する側から考えれば価格となります。価格で競争することは避けたいものですが、ある程度は価格を下げる努力も必要です。ただし、値下げをすれば、それだけ利益が減少します。そこを無視できるのであれば、値下げは誰でもできます。価格を下げても利益は減らさない努力・工夫こそが、競争力になっていくのです。

> **コラム　都合の良い「品質」という言葉**
>
> 　私が、「わが社の強みは品質です」と答える経営者に必ずする質問が2つあります。
> 　1つ目は「どんな品質ですか」という質問です。多くの経営者は答えることができません。何となく品質と答えておけば形になるため、それ以上深く考えたことがないからです。品質といってもさまざま、もう少し自社の強みについて真摯に考えてもらいたいものです。
> 　2つ目は「品質が良いって当たり前じゃないのですか」という質問です。品質が悪ければ、誰も買ってくれません。「品質が良いのは当たり前で、強みじゃないですよね」とたたみかけると、少し真剣になってもらえます。「私が言っているのは、そのような当たり前の品質ではなくて、技術者がこだわりぬいた○○という部分で…」こう答えてもらってはじめて、経営者の考える「品質」の具体的な内容がわかります。
> 　「品質」という言葉は本当に便利です。でも、自分の都合の良いように使わないでください。

　端数値引きという習慣がありますが、それもその分利益が下がります。顧客からの要請に対して営業担当者だけで判断するのではなく、利益を下げないために関係部署との調整・打ち合わせが必要なはずです。「ギリギリの値段で出させていただいています。どうしてもということであれば、社内で検討するため持ち帰らせてください」と答えるようにしてください。

③　納期（Delivery）

　3つ目は、納期です。これには、スピードのことも含まれると考えてください。納期対策は、製造のリードタイムを短くすることだけではありません。営業担当者や事務担当者の処理スピードを高めることも大切です。

　「17時までに届いたメールには、必ずその日中に返信する」といった取組みを実施している企業があります。相手側からすれば、「すぐに返答がくる。フットワークが軽いし頼りになる」という評価につながります。もちろん、メールの内容によってはすぐに回答できないものもあります。その場合でも、「メールを確認しました。回答に2日ほどいただけますでしょうか」と

その日のうちに返信することはできるはずです。

　似たような取組みに、「ワンデーレスポンス」があります。国土交通省が公共工事に取り組む施工会社とのやりとりの中で始めたものです。取組み内容はインターネットで参照できますので、検索してみてください。

④　サービス（Service）

　4つ目は、サービスです。付帯サービスと呼ばれることもあります。商品やサービスなど、事業の本体に付帯して行われるサービスのことです。無料点検制度や顧客向けのポイントサービスなどがこれにあたります。

　最近は、このサービスに注力し顧客の期待に応えようとする取組みが多くみられます。単に商品やサービスを提供するだけでなく、顧客の期待・目的に積極的に向き合って、目的達成のためにさまざまなアプローチをしようというものです。

⑤　環境（Environment）

　最後は、環境です。いわゆるエコのことです。環境に良い製品はコストが

コラム　すべての業種が「サービス業」となる

　花火の小売店を例にとって考えてみます。最近は、公園や河川敷などでも花火禁止の場所が増えてきました。花火店としては、深刻な問題です。顧客の目的は「花火を買うこと」ではなく、「花火を楽しむこと」なのですから、付帯サービスで何か提案したいところです。

　花火ができる場所のマップを作成して提供することは、その第一歩でしょう。さらに進んで、さまざまな顧客のニーズに耳を傾け、最適な花火を提案することも可能です。「同窓会の最後に皆で花火をして盛り上がりたい」、「静かなところで花火をしながら、プロポーズをしたい」といったニーズに細やかに応えていくのです。花火の種類や打ち上げる順番、さらには点火役の派遣など、関連するサービスがどんどん浮かびます。花火を通してお客様に徹底的に楽しんでいただくには、販売だけでは限界があるのです。

　自社の事業でも、「サービス」として提案できることはないか考えてみてください。

かかり、高くなるイメージがあります。当然、価格重視の顧客には販売は難しいでしょう。しかし、価格重視の顧客をターゲットとしないのであれば、状況は変わってきます。ターゲット顧客をどこに設定するかが、大切なポイントになります。

最近は、環境に配慮した設備投資に補助金が支給される場合もあり、また、導入後に抑制されるコストもあれば、早期に採算がとれる場合もあります。「環境」を強みに競争できる状況になりつつあるのです。

4. 強みを分析する

ここまで、強み・弱みとは何かを説明しました。いよいよ分析ですが、まずは強みから始めましょう。次ページの「強み検討シート」を見てください。

強みは、経営資源と競争力の組み合わせで表現できますから、検討シートも経営資源と競争力の両方を入力する形式になっています。その横には、説明を記載します。

「うちの会社に強みなんてないよ」と嘆く経営者がいます。本心でそう言っているとしたら、従業員や顧客に対して大変失礼な発言です。従業員は常に

コラム　「強み」は皆で意識しよう

企業研修で講師をしているときに、「皆さんの会社の強みは何ですか」と質問すると、半分以上の人は考えたこともないような表情をされます。何人かの人を指名して聞いてみると、それぞれ違った答えが返ってきます。

ここで提案したいことは、改めて自社の「強み」は何かを考え、全社員で共有することです。「わが社の強みは○○です」と、誰に尋ねても同じ答えが返ってくる状態にするのです。そうすることで、2つの効果があります。

1. 強みをはっきりさせることで、自社に対する誇りが生まれ、さらにその強みを意識し伸ばそうとする気持ちが芽生える。
2. 全員が同じ回答をするため、社外に対してPR効果が生まれる。特に、取引先に対して自社の特徴を理解してもらいやすくなる。

ぜひ、社員全員で強みを意識することに取り組んでください。

何らかの付加価値を生んでいますし、顧客はその付加価値を選択してくれているわけです。

そう説明すると、「長年やっているから、信頼ぐらいか…」と少しだけ前向きな答えが返ってきたりします。そこで、この「長年の信頼」を検討シートに例として記入してみました。経営資源は「従業員」で、競争力は「品質と納期」となりました。

では、強みを伸ばすためにはどうしたらいいでしょうか。顧客のために「もっと品質は良くならないか」、「もっと納期は短くできないか」と考えるところからスタートすればいいのです。自分でも気がつかない自社の強みを引き出すために、20の質問による強みの検討表も掲載しましたので活用してください。

強み検討シート

No	経営資源	競争力	説明
1	従業員	品質・納期	創業以来信頼を築いてきたのは、納期を守り安定した品質で商品を提供したから
2			
3			
4			
5			
6			
7			

●第3章● ポイント3 強み

強み検討質問表

No	質　問 （下段に回答を記入）
1	自分の会社名を〇〇〇に入れて、「〇〇〇は素晴らしい会社だ！」と記入してください。
2	身近な競争相手（ライバル企業）は誰ですか？
3	その相手と比較して自信のあるものは何ですか？　ヒト・モノ・カネ・情報など経営資源から答えてください。
4	一番のお得意先は誰ですか？
5	そのお客様があなたを選んでいる理由は何ですか？　品質・コスト・納期・サービス・環境など競争力から答えてください。
6	社内で「営業の顔」といえば誰ですか？
7	その担当者が優れているところは何ですか？
8	生産やサービスを担当する「現場の顔」といえば誰ですか？

9	その担当者が優れているところは何ですか？
10	営業、現場以外の「社内の顔」といえば誰ですか？
11	その担当者が優れているところは何ですか？
12	その他、人材面で強みと思うところは何ですか？
13	売上や利益に貢献している製品・サービスは何ですか？
14	その製品・サービスが優れているところは何ですか？
15	最近、設備投資を行いましたか？　それはなぜですか？
16	生産や開発などで力を入れているところは何ですか？
17	仕入先や外注先から評価されているところは何ですか？

18	金融機関から評価されているところは何ですか？
19	社内で長年継続して行っていることは何ですか？
20	ここ1年ぐらいで新しく始めたことは何ですか？

5. 弱みを分析する

　次は、弱みです。すべての企業は、多くの弱みを抱えています。弱みを分析する際には、あら探しをするように細かな弱みまで洗い出すのではなく、将来のビジョンを思い浮かべながら、その障害となるものを抽出するようにしてください。これを克服しなければ、この先重大な問題が起こると予想されることや、緊急に対処しなければならないものを中心に分析します。

　強みの場合と同じように、検討シートを用意しました。強み検討シートとは異なって、必ずしも経営資源と競争力の組み合わせで記入する必要はありません。それぞれの項目は用意していますが、空欄のままでも構いません。また、重要度と緊急度の項目があります。これは記入した弱みの中で順位づけをしても構いませんし、該当するものに丸印を記入するだけでも結構です。重要度、緊急度の両方が低いことがわかれば、弱みとしてあげるべきではありません。弱みはたくさんあげるものではありませんので、注意してください。

　弱みを洗い出すための質問表も用意しましたので、活用してください。強みの場合と同じように、20の質問を用意しています。ただし、19番と20番の質問は少し特殊です。19番は、重要度も緊急度も低く、目をつぶること

ができるものを排除するための質問です。20番は、特に重要な質問です。弱みを分析する際に、その原因を外部に求める経営者がいます。すなわち、「人のせい」にしているのです。その姿勢を正さなければ、弱みの克服はできません。経営者として正面から向き合って取り組んでいく覚悟を問う質問です。

弱み検討シート

No	内　容	経営資源	競争力	重要度	緊急度
1					
2					
3					
4					
5					
6					
7					

●第3章● ポイント3 強み

弱み検討質問表

No	質　問 （下段に回答を記入）
1	ライバル企業と比較して劣っているところは何ですか？ 品質・コスト・納期・サービス・環境など競争力から答えてください。
2	1の答えで劣っていると思われる原因は何ですか？ ヒト・モノ・カネ・情報など経営資源から答えてください。
3	顧客の要望に応えられていないと思うことがありますか？ それは何ですか？
4	新規開拓やリピート営業など、営業活動は十分に行われていますか？
5	生産やサービスなど、現場で頻繁に起こる問題はありますか？
6	従業員の質が落ちていると思うことはありますか？
7	ここ数年の売上の推移はどうですか？ 悪化しているとすれば原因は何ですか？

8	利益の推移はどうですか？　悪化しているとすれば原因は何ですか？
9	資金繰りに問題はありますか？
10	金融機関から指摘される問題点は何ですか？
11	仕入先、外注先から苦情を言われますか？
12	設備の老朽化、陳腐化は気になりますか？
13	顧客からのクレームは、どのようなものが多いですか？
14	最近、取引が止まった顧客はいますか？　それはどうしてですか？
15	問題点を皆で話し合う風土・習慣はありますか？

16	組織のことで問題はありますか？
17	従業員はいつも元気いっぱいですか？
18	経営者、幹部の資質に問題はありますか？
19	これまでの質問で、重要または緊急であるものは何ですか？
20	これらの問題を人のせいにせず、自分自身が向き合う覚悟がありますか？

6．章の終わりに

　この章では、強みと弱みについて説明しました。強みについて経営者と話していると、「わが社に強みなんてないよ」と言われる方が多いのに驚きます。控え目なことは日本人の美徳ですが、会社を卑下することは美徳ではありません。

　まだまだ至らない点が多くあったとしても、会社には元気に働く社員がいます。協力を惜しまない仕入先や外注先がいます。そして何より、自社を選んでくれた顧客がいます。何も強みがないなんて、とんでもない話です。その経営者自身が会社の大きな弱みであって、「強みを見い出せない経営者」

という項目が、弱み検討シートに書かれるべきでしょう。
　子どもを褒める親バカのように、自分の会社のことを褒めまくりましょう。褒められた側は、そこを伸ばそうとがんばる力がわいてくるのです。

●第4章●
ポイント4　見通す力
～強みを活かすために世の中を知る～

「景気が悪いからだ」と

言い訳ばかり

並べる人のために

この章では、世の中を見通すことについて説明します。いわゆる外部環境と呼ばれるものです。ビジョン達成のためには、広い視野で世の中を見通すことが重要です。それでは、早速説明していきましょう。

1．外部環境とは

　外部環境とは、自社のまわりで起こっていることの中でビジョン達成に影響を及ぼすものです。影響を及ぼさないものは、外部環境から除いてもらって構いません。

　例えば、エネルギー問題についてはどうでしょうか。原発活用の是非はともかく、福島第一原発の事故以来、火力に頼ったエネルギー供給が続いています。発電コストの高騰から電気料金が値上げされ、この状態が続くと、製造業など多くの電力を消費する企業は、コストがかさみ収益が悪化するでしょう。

　消費税増税はどうでしょうか。廃棄物処理業を例に考えてみます。廃棄物処理料が増額になる影響は直接的なものです。間接的には、例えば住宅販売が駆け込み需要で好調でした。住宅が売れるということは、引っ越しなど人や物が動くということです。物が動けば不要なものを整理する機会も増え、結果的に廃棄物の処理も増えるわけです。これは、間接的な影響です。この例のように、直接的な影響と間接的な影響の両面を考える必要があります。

2．外部環境の分析分野

　外部環境は考える方向が多岐にわたるため、漏れなく分析することが難しいのですが、まずはミクロ環境とマクロ環境に分けて考えます。業界内、地域内といった狭い範囲の外部環境を、ミクロ環境と呼びます。広く世の中で起こっていることなど広い範囲の外部環境を、マクロ環境と呼びます。

(1) ミクロ環境

　まずは、ミクロ環境を分析していきましょう。次表に、ミクロ環境で分析すべき項目を整理しました。

①自社の属する業界の動向
国内競合他社、海外競合他社、新規参入、原材料事情、代理店や小売店などの商流、代替品の存在、業界間の競合、業界の構造、業界全体の収益性、価格動向、業界の市場成長性
②顧客や市場の動向
販売先・得意先の動向、得意先の参入動向、市場規模、生活様式、購買スタイル
③仕入先や外注先の動向
供給者や仕入先の動向、仕入先の参入動向

① 自社の属する業界の動向

　最初は、自社の属する業界の動向です。国内、海外の競合他社の状況はどうでしょうか。まずは、普段から感じていることを書き出してみることをおすすめします。考えるだけでなく、書き出すことが重要です。次ページのコラムで紹介するマインドマップの方法などが有効ですので、参考にしてください。

　業界動向を調べる際には、インターネットを活用するといいでしょう。地域名と業種の組み合わせで検索すると、競合他社のホームページがリストアップできます。特に、トップページに掲載されていることが多い「お知らせ」などのニュース記事を見ると、競合先の動きを垣間見ることができます。

　海外については、国や地域の名称と業種を英語で表記して検索します。さらに、company（会社）や product（製品）というキーワードを付け加えると有効です。英語が苦手な場合は、検索結果の横に表示されている「訳す」ボタンを押すと日本語に翻訳されるので便利です。

　新規参入や原材料事業については、仕入先、外注先から情報を得ることができます。担当者に一度尋ねてみましょう。代理店や小売店については、ネットショップで製品名を検索することも有効です。大手のショッピングモールのホームページから検索すると、ネット販売を行っている企業がある程度わかります。

コラム　頭の中を整理するマインドマップ

　マインドマップとは、思考・発想法の1つです。テーマの主題を中心に置いて、放射状にキーワードやイラストをつなげていく表記法です。放射状であることがポイントで、箇条書きと比較して思考の順番に左右されないメリットがあります。行ったり戻ったりするときに、放射状の表記がとても便利なのです。

　記載例を掲載します。あまり書き方にこだわる必要はありません。人に見せるのではなく、自分の頭の中を整理することが目的ですから、ルールは無視しても構いません。

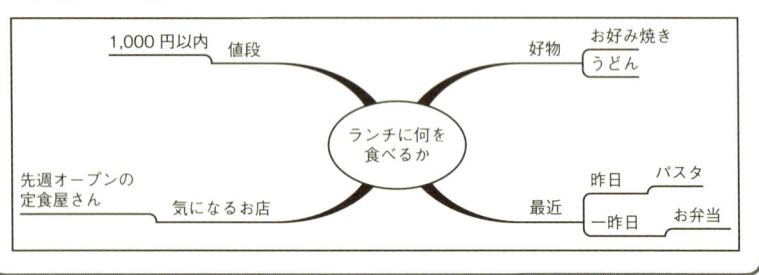

```
1,000円以内─値段              好物─お好み焼き
                                   うどん
              ランチに何を
               食べるか
先週オープンの
定食屋さん───気になるお店    最近─昨日─パスタ
                                   一昨日─お弁当
```

　代替品の有無と業界間の競合については、顧客視点に立って考えなければなりません。第1章の事業コンセプトについての説明のところで、工務店と住宅を購入した顧客の例を出しました。顧客にとって、住宅を購入する目的は家族との未来への希望を手に入れることであって、住宅の購入はその手段の1つでしかないという話でした。顧客の目的とは何か、そして、その目的を達成するための手段に何があるかを考えれば、代替品や業界を超えた競合が見つかります。

　ここでもう1つ、駅の売店やコンビニエンスストアで販売している雑誌を例に考えてみましょう。出版する側にしてみれば、競合相手は他の出版社が出している雑誌でしょう。しかし、それを手にする顧客に目を向ければ、目的はさまざまです。例えば、「時間つぶし」を目的に雑誌を買っているのであれば、喫茶店のコーヒー、スマートフォン、音楽を聴く携帯プレーヤーなども代替品となり、異なる業界との競合となるのです。携帯電話やスマート

●第4章● ポイント4 見通す力

フォンが普及してから、待ち合わせでのミスが少なくなり、時間をつぶすという機会そのものが減少しています。そのため、特定の強みを持たないような雑誌は、売れ行きが減少しています。

業界の構造、収益性、価格動向は、普段の業務の様子から肌で感じることができるでしょう。市場成長性については、インターネットで検索してみるといいでしょう。業界名に「市場規模」、「推移」といったキーワードを加えて検索すると、さまざまな統計データが得られます。

もっと広い視野で業界に関する世の中の動きを見るには、白書が参考になります。白書とは、政府系の機関がある分野の現状分析や将来展望を行い、まとめたものです。次のような白書が公表されています。

内閣官房	政府調達におけるわが国の施策と実績
人事院	公務員白書
内閣府	経済財政白書
	防災白書
	子ども・若者白書（旧・青少年白書）
	食育白書
	少子化社会対策白書（旧・少子化社会白書）
	高齢社会白書
	障害者白書
	交通安全白書
	犯罪被害者白書
	自殺対策白書
	男女共同参画白書
公正取引委員会	独占禁止白書
警察庁	警察白書
消費者庁	消費者白書
総務省	地方財政白書
	情報通信白書
	消防白書
	公害紛争処理白書

法務省	犯罪白書
	人権教育・啓発白書
外務省	外交青書
	政府開発援助(ODA)白書
文部科学省	文部科学白書
	科学技術白書
厚生労働省	厚生労働白書
	労働経済白書
農林水産省	食料・農業・農村白書
	森林・林業白書
	水産白書
経済産業省	通商白書
	製造基盤白書(ものづくり白書)
	中小企業白書
	エネルギー白書
国土交通省	国土交通白書
	土地白書
	首都圏白書
	観光白書
環境省	環境・循環型社会・生物多様性白書
	原子力安全白書
防衛省	防衛白書

　例えば、セキュリティ関係の事業であれば、警察白書、犯罪白書などが参考になるでしょう。私は建設業の中小企業に対するコンサルティングを多く行っているため、中小企業白書と国土交通白書は必ずチェックしています。
② 顧客や市場の動向
　自分の業界についての分析が終わったら、次は得意先の業界についての分析です。例えば、産業機械向けの機械部品を加工する企業で考えれば、産業機械の販売動向、市場動向などを分析してみるのです。直接関与していない業界だけに、前述の白書やインターネットの情報が役に立ちます。また、自らは国内で販売しているだけでも、顧客が海外向けの販売を行っている場合

には、その販売先となっている国の状況や動向にも目を配るべきです。

　さらに、得意先の業界分析で重要なのが参入動向です。得意先から考えれば、自社の事業は上流工程になります。先の例でいえば、得意先が部品を自ら製造するようになる可能性もあります。住宅販売を行っていた不動産会社が、自ら建築に携わるようになることもあります。

　得意先の状況を分析したら、さらにその先を見ていきます。すなわち、「顧客の顧客」です。産業機械の例でいえばその機械を購入するユーザー、住宅販売の例でいえば住宅の購入者ということになります。すべての業界が「顧客の顧客」の方向で先へ先へと進んでいくと、最終的にはエンドユーザーにたどりつきます。エンドユーザーの購入する商品についての市場規模、ユーザーの生活様式や購買スタイルにも目を配るべきなのです。

　例えば、海水淡水化装置というものがあります。文字通り、海水を淡水に変えて飲料水として活用しようというものです。その装置のフィルターに使

コラム　製品の成長曲線

　市場を分析する際に、プロダクトライフサイクル（PLC）という考え方が参考になります。製品を、導入期、成長期、成熟期、衰退期の4つの局面に分けて考えます。

　導入期：市場拡大を狙って、認知度を高めていく
　成長期：シェアを高めてブランド力を強化
　成熟期：シェアの維持と差別化による投資の回収
　衰退期：投資の抑制とシェアの維持

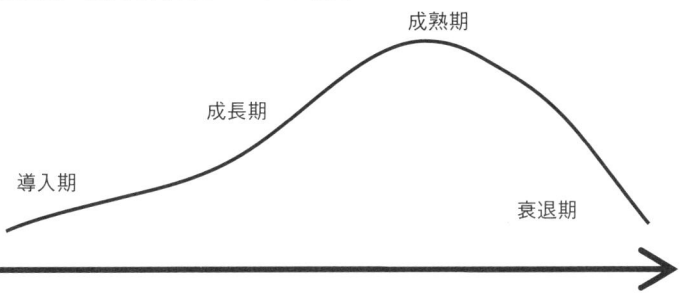

われる金属部品を加工している企業は、金属部品加工業の動向以外に、海水淡水化装置の市場、その利用先（発展途上の島国が多いでしょう）の動向などにも目を配るべきでしょう。「水不足」と「白書」をキーワードに、インターネット上のさまざまな文献を参照することができます。

③ 仕入先や外注先の動向

ミクロ環境の最後は、仕入先や外注先の動向についてです。円安になると、海外から調達される材料のほとんどが値上げされ、影響を受ける企業が出てきます。また、飲食業界や建設業界などは、慢性的な人手不足に陥っています。工事を依頼した外注先が職人を確保できず、工期が遅れて大きな問題になることが頻発しています。

材料が値上がりしているのであれば、価格転嫁の方法を考えなければなりませんし、依頼できる外注先が減っているのであれば、内製化など対策を考えなければなりません。日頃から仕入先、外注先の担当者とコミュニケーションを取り、情報を得るようにしましょう。

もう1つは、参入の可能性についてです。仕入先だった建材店が自らリフォーム工事を行うように、上流から下流へ事業展開してくることがあります。多くの業界で、収益性を改善するために下請脱却を目指す企業が増えています。皆さんの業界ではどうでしょうか。参入を抑えることは難しいため、参入を想定して真似できない競争力を育てておく、いざというときの協力先として、より強固な関係を築いておく、などの対策が必要になります。

(2) マクロ環境

次は、マクロ環境です。分析すべき項目は、以下の通りです。

①行政や法制度
法令や税制、国家財政、地域財政、国際税制、国内税制、日米関係、日中韓関係、公共投資、規制緩和、許認可、労働政策、環境政策
②環境
エネルギー問題、資源問題、地球温暖化、省資源、産業廃棄物、製品再資源化、リサイクル等3R

●第4章● ポイント4 見通す力

③社会
年齢別人口、地域別人口、出生率、高齢化、都市集中・過疎問題、外国人労働者
④インフラ
土地、住宅、インフラ整備、道路・鉄道・航空
⑤経済
経済・金融政策、産業構造の変化、労働市場、女性・高齢者労働力、為替、物価、地域経済、技術革新、マルチメディア、インターネット、消費者ニーズ
⑥業界
製造業、流通業、建設業、金融業、農業、林業、水産業、情報サービス

① 行政や法制度

　マクロ環境を分析するにあたっては、日ごろから新聞などで情報を得ていくことが基本です。しかし、体系立った情報を入手するには、他に効率の良い方法があります。前に紹介した白書やその他行政機関が提供している情報がとても役に立ちます。特に、総務省統計局の「日本の統計」は、さまざまな分野の統計数値が参照できて便利です。

全体	総務省統計局：「日本の統計」 (http：//www.stat.go.jp/data/nihon/)

　他の行政や法制度については、次のような情報を参照するといいでしょう。

政策	首相官邸：「政府の基本方針・計画等」 (http：//www.kantei.go.jp/jp/kakugikettei/)
財政	内閣府：経済財政白書 総務省：地方財政白書 各自治体の予算関係ホームページ
税制	財務省：「税制」 (http：//www.mof.go.jp/tax_policy/) 財務省：「国際課税」 (https：//www.mof.go.jp/tax_policy/summary/international/)
外交	外務省：外交青書
その他	厚生労働省：厚生労働白書、労働経済白書　など

② 環境

　環境についての外部環境の中で、一番大きな影響を及ぼしているものはエネルギー問題でしょう。特に、製造業など設備を多く保有する企業にとって、電気料金の値上げは深刻な問題です。

環境リサイクル	環境省：環境・循環型社会・生物多様性白書、原子力安全白書
エネルギー	経済産業省：エネルギー白書

③ 社会

　すでに人口が減少し始めている日本ですが、世界人口は2013年に72億人だったのが、2050年には90億人を超えるといわれています。人口を市場とみた場合、世界市場は魅力的です。一方、国内の高齢社会に向けたサービスの充実のため、企業が果たす役割は大きいといえます。

人口	総務省統計局：「日本の統計」（既出） （http：//www.stat.go.jp/data/nihon/） 各自治体のホームページにある人口統計
少子高齢化	内閣府：少子化社会対策白書、高齢社会白書

④ インフラ

　次は、インフラについてです。高度経済成長期に整備されたさまざまなインフラが老朽化し、更新の時期を迎えています。政府は、そうしたインフラの整備について、方針を打ち出しています。

インフラ	国土交通省：国土交通白書、土地白書、首都圏白書 内閣府：交通安全白書
老朽化対策	内閣官房：「日本再興戦略」 （http：//www.kantei.go.jp/jp/singi/keizaisaisei/） 内閣官房：「インフラ老朽化」 （http：//www.cas.go.jp/jp/seisaku/infra_roukyuuka/）

⑤ 経済

　経済については、比較的情報が得られやすいでしょう。次のような情報を参考にしてください。

●第4章● ポイント4　見通す力

経済・金融	内閣府：経済財政白書 経済産業省：通商白書
消費者	消費者庁：消費者白書
労働	厚生労働省：厚生労働白書、労働経済白書
女性	内閣府：男女共同参画白書
高齢者	内閣府：高齢社会白書
インターネット	インターネット協会：インターネット白書 (https：//www.iajapan.org/iwp/)

⑥　業界

　業界についての情報を得るには、まずは業界紙や専門新聞がいいでしょう。

業界紙	日経BP (http：//www.nikkeibp.co.jp/) 富士山マガジンサービス　各種業界紙取扱い (http：//www.fujisan.co.jp/)
専門新聞	日本専門新聞協会 (http：//www.senmonshinbun.or.jp/)

3．外部環境の分析

　これまで、外部環境の分析分野について説明しました。ここから、分析に入っていきます。一般的に、外部環境は機会と脅威に分けて分析します。機会とは自社にとって追い風の現象であり、脅威は逆に向い風にあたります。しかし、機会・脅威は表裏一体で、たとえ脅威であっても、強みを活かした対策を講じれば機会に変わってしまうのです。

　例え話をしましょう。少子高齢化という状況は、子ども向け学習塾にとって脅威ではないでしょうか。昔の第1次、第2次ベビーブームは、塾業界でも大きな機会でした。1つの教室で多くの子どもが授業を受ける画一的なサービスが提供され、子ども1人の単価（授業料）は低くても、数で売上を確保できたのです。

　現在では、大量の生徒を抱え、集合型の授業を行っている塾はむしろ少数です。しかし、「少子」という言葉は前向きに捉えることもできます。それは、1つの家庭に子どもが少ない状態なら、「子ども1人にかける教育費は増え

● 69 ●

るはず」という仮説です。「高い教育費」という言葉で最初に浮かぶのは、家庭教師ではないでしょうか。マンツーマンで勉強を教えてくれるこの方法は、高い授業料に見合う効果が得られると、富裕層を中心に広がりました。今は1人にかける教育費が増えている時代ですから、富裕層でなくても手が届くはずです。また、そうした分析の結果、個別指導方式の塾が生まれました。現在、多くの塾がこのスタイルをとっています。少子化が機会に変わった瞬間です。

そのため、本書では「機会」、「脅威」と分けるのではなく、「対応すべき外部環境」として一体で捉えます。下に、外部環境分析シートを用意しました。分析の結果、対応すべきと判断した外部環境を記入していきます。まずは、分析分野のキーワードを記入し、将来（例えば5年後）の予測を記入し

外部環境分析シート

No	分析分野キーワード	5年後の予測	自社への影響	重要度	緊急度
1					
2					
3					
4					
5					
6					
7					
8					

ます。その予測により、自社に与える影響を分析して記入し、最後は得られた分析結果から、重要度、緊急度に応じた順位づけを行うのです。

4. 分析手法

(1) SWOT分析

　経営戦略を立案するために使うツールに、SWOT分析があります。第3章で説明した強み、弱みを内部環境として、本章の外部環境と組み合わせて分析を行います。SWOTとは、強み（Strengths）、弱み（Weaknesses）、機会（Opportunities）、脅威（Threats）のそれぞれの頭文字を取ったものです。

　SWOT分析を行う際には、次のような表を作って分析します。強み、弱み、機会、脅威の欄に箇条書きでそれぞれの分析結果を記入します。そして、それぞれが交わる箇所に、考えられる戦略やとるべき行動などを記入していきます。

		強み	弱み
		・ ・ ・	・ ・ ・
機会	・ ・ ・	機会を活かして 強みで発展	弱みによる 機会損失を回避
脅威	・ ・ ・	脅威を強みで 機会に変化	弱み補強で 脅威の影響回避

(2) PPM

　SWOT分析の他にも、内部環境と外部環境を合わせて分析する方法があります。その1つが、PPMです。PPMとは、「Product Portfolio Management」の略で、次図のように自社の商品や事業を、市場成長率と市場シェアの2軸で4つの類型に分類するものです。

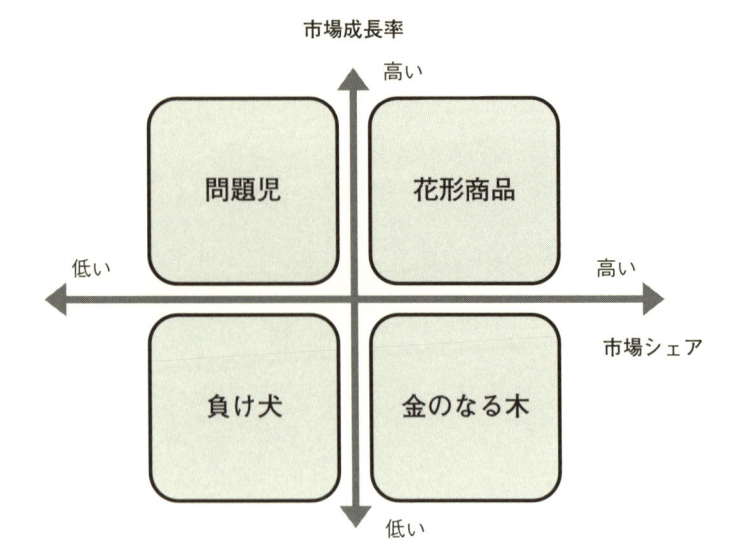

```
             市場成長率
              ↑
              高い

   ┌─────────┐  ┌─────────┐
   │  問題児  │  │ 花形商品 │
   └─────────┘  └─────────┘
低い                        高い
←──────────────┼──────────────→
   ┌─────────┐  ┌─────────┐        市場シェア
   │  負け犬  │  │金のなる木│
   └─────────┘  └─────────┘

              低い
              ↓
```

① 花形商品

　シェアが既に高く、これからも市場の成長が期待できる分野です。自社の商品や事業がこの位置にあれば、市場の成長に伴って、売上の拡大が期待できます。しかし、規模拡大に対応するための生産体制・販売体制の強化が必要です。また、市場の魅力により他社からの参入も激しく、競争力の強化が必要となります。このように、投資もある程度必要となり、見合う利益が得られるとは限りません。市場が成熟期に入るまで高いシェアを維持することで、将来的に「金のなる木」にしていくことが大切です。

② 金のなる木

　市場が成熟期に入ると、投資も落ち着き、他社からの参入もおさまってきます。この時点でシェアが維持できていると、大きな収益源になります。しかし、成熟市場はいつか衰退していくため、この分野で得られた利益を、「問題児」や「花形商品」に投資することが大切です。

③ 問題児

　市場は成長期にあって魅力的だが、自社のシェアがまだまだ低い状態にあ

る分野です。シェアを高めるために、投資が必要になります。投資によりシェアが高まると、市場成長に伴って売上や利益が大きくなります。しかし、シェアが高まらなかったり、あるいは市場の成長が早期に落ち着いてしまうと、投資した分が回収できなくなるリスクがあります。精度の高い市場成長予測と、顧客ニーズに対応した競争力の強化が必要になります。

④ 負け犬

　市場が成熟期から衰退期に移る時期にシェアが低い状態であれば、早急に撤退を検討しなければなりません。投資を行ってシェアを高めても、継続的な収益が期待できないからです。撤退には、大きな決断を必要とします。思い入れのある商品や、過去に成功した商品などは撤退の決断を鈍らせます。限られた経営資源を無駄に投下しないように注意してください。

5．章の終わりに

　この章では、外部環境分析について説明しました。ミクロ環境、マクロ環境の両方について、「見通す力」が重要です。しかし、長期的な視野に立って予測を立てることは、非常に難しい時代になっています。

　5年後の将来を予測する前に、今までの5年間に何が起こったか思い出してみてください。天災をはじめ、予期できなかった事件や事故、出来事が多いことに驚くはずです。

　この激動の時代に、中長期的な予測を立てることは困難です。一部の経営者はそれを理由に、中長期計画そのものを無駄だと決めつけていますが、それは間違いです。予測を立てなければ、正しい戦略は立てられません。そこに、経営者、従業員の英知を集結させるべきなのです。私たちは預言者ではありませんから、未来の出来事を当てる必要はないのです。自分の予測について、意見を持つことが大切なのです。

●第5章●
ポイント5　経営方針
~未来につながる確かな道~

「顧客満足が第一」と

当たり前のことばかり

言う人のために

この章では、経営方針について説明します。これまで、自社の強みや外部環境について分析してきました。それは、正しい経営方針を立案するためなのです。「正しい経営方針」は、次章の「正しい経営計画」につながっていきます。計画を実行すれば、「ビジョン」に到達します。ワクワクしながら、本章を読み進めてください。

1. 経営方針とは

(1) ビジョン達成のために

　5年後の自社の理想像、すなわち「ビジョン」にどのようにして向かっていくかを表したものが経営方針です。ビジョンという目標達成のための作戦ともいえます。目標がなければ、作戦も定まりません。

　経営理念、ビジョン、経営方針が整合性を保ちながら、しっかりとつながっている必要があるのです。

(2) 経営方針と投資戦略

　ビジョンとは、5年後の企業のあるべき姿です。この理想像と現状の間には、大きな差異があります。この差異を、日々の事業活動を通して埋めていく必要があります。しかし、差異が大きすぎて何をしたらいいのかわからないという経営者がたくさんいます。こうした場合、どうすればいいでしょうか。私は、経営方針について相談を受けたときに、次のような質問をします。

・まず、今思いつくものだけでいいので、問題点をいくつかあげてください。
・そして、それらの問題点がすべて解決した上に、さらに利益が出て資金的に余裕があるとしたら何をしたいですか。

　回答は、相談者によってさまざまです。製造業の経営者であれば、「機械設備を新しくしたい」、「工場を新たに作りたい」、「技術者を育成したい」といった回答が多くなります。小売業の場合は、「取り扱うアイテムを増やしたい」、「海外で販売してみたい」、「接客技術を高めたい」などが多い回答例です。

　この質問の意図は、「目の前の問題は横に置いておいて、経営者が本当に

> **コラム　経営方針と経営戦略**
>
> 　経営方針と経営戦略は、どこが違うのでしょうか。実際には、混同して使われていることが多いようです。「方針」は、あることをするために定めた行動の方向性や原則のことです。一方「戦略」は、あることをするための準備や計画、方策のことです。方針より戦略の方が、詳細で具体的な意味合いを含みます。
>
> 　本書では、ビジョンに向かうための方向性や方策の意味で経営方針という言葉を使っていますので、経営方針の中に経営戦略も含まれると考えてください。

やりたいこと」を探るところにあります。経営者は、「そんな理想、語っていいの？」と戸惑いながら、少し笑顔になって自分の夢を語り出します。この答えの中に、経営者が考える企業の方向性を見出すことができるのです。

　多くの方が経営資源への投資を望んでいることがわかります。それは強みを伸ばす手段であり、弱みを克服する手段でもあります。そして、その先には企業の繁栄があります。

　投資には、戦略が必要です。「戦略」というと難しく聞こえるかもしれませんが、「企業の繁栄のために、何に投資すべきか」を考えることが大切になります。もちろんその前提として、伸ばすべき強み、克服すべき弱みがしっかり認識できていることと、投資に回せる利益が確保されていることが必要です。

(3) 顧客満足の上を行く

　第1章で、「顧客感動」について触れました。ここで、しっかりと説明します。顧客満足の上には顧客感動があると説明しましたが、さらにその上があります。それは、「顧客感激」です。それぞれどう違うのでしょうか。

① 顧客満足

　「満足」とは、望みが満ち足りていることです。不足があると、「不満」ということになります。望みとは、顧客が想定している範囲のことで、その範囲から出ることがなければ、満足より上を望むことはできません。

② 顧客感動

「感動」とは、心が動くことです。人が感動するのは、人の温かさや真心に触れたときです。心からのおもてなしに触れたときに感動するのですが、そのおもてなしは顧客の想定を超えなければなりません。

③ 顧客感激

「感激」とは、激しく心が動くことです。激しい心の動きは、行動にも溢れ出てきます。人は感激を顔に表し、相手に握手を求めたりします。皆さんは、お客様に感激してもらった経験がありますか。

顧客満足 ⇒ 顧客感動 ⇒ 顧客感激

顧客に感激してもらえる企業を目指すために、技術やサービスを磨くことは必要ですが、何より顧客の想いを理解する力が不可欠です。その力の根源は、「人を思いやる気持ち」です。思いやりの溢れる企業になるために、自社ができることは何か。それを自分なりに考えることは、経営方針を考えることそのものなのです。

2. 戦略マップで経営戦略を練る

ビジョン達成に向けた経営方針立案のヒントになる考え方を紹介します。戦略マップというツールです。

戦略マップは、バランススコアカード（BSC）という戦略ツールに含まれる考え方の1つです。ビジョンに到達するための戦略を、「財務の視点」、「顧客の視点」、「業務の視点」、「人材の視点」の4つの視点から立案し、戦略マップという階層構造にまとめます。それぞれの視点に何をすべきか記入し、関連するものを線で結びます。では、簡単な例を使って、戦略マップを描いてみましょう。

●第5章● ポイント5 経営方針

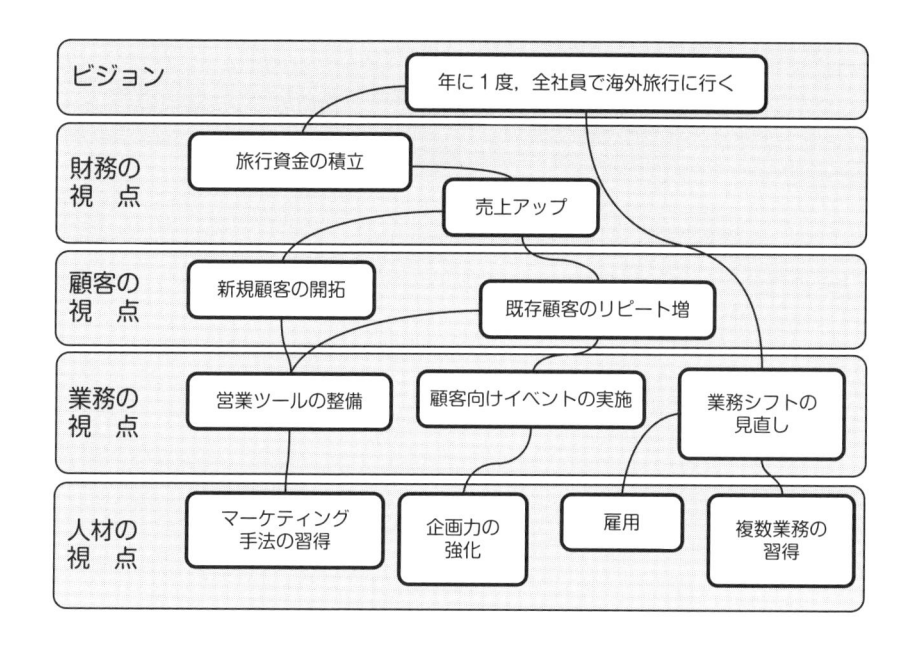

ビジョン	年に1度，全社員で海外旅行に行く
財務の視点	旅行資金の積立 / 売上アップ
顧客の視点	新規顧客の開拓 / 既存顧客のリピート増
業務の視点	営業ツールの整備 / 顧客向けイベントの実施 / 業務シフトの見直し
人材の視点	マーケティング手法の習得 / 企画力の強化 / 雇用 / 複数業務の習得

　これは、全社員で年に1度は海外旅行に行こうというビジョンです。もちろん旅行資金が必要なので、財務の視点に「旅行資金の積立」を記入しました。もう1つ、「全社員で行く」とありますので、社内業務の調整を考えなければなりません。そのため、業務の視点に「業務シフトの見直し」を入れました。この2つを起点として、何をすべきか記入していきます。

　資金の積立には売上アップが不可欠ですし、売上アップには新規顧客の開拓、既存顧客のリピート増が必要です。そのために、営業ツールを整備し、既存顧客向けのイベントを実施します。効果的な営業ツールを作るためには、マーケティング手法を習得した人材が必要です。イベントの実施には、企画力を強化しなければなりません。業務シフトの見直しでは、新たな雇用と、各個人のスキルアップのために複数業務の習得を記入しました。

　1つのビジョンを達成するために、11個のやるべきことが見つかりました。逆に考えれば、この11個をすべて実施できるとビジョンに到達するわけです。もちろん、ここで紹介したものは簡単な例であって、もっと分析を

進めればやるべきことの数は増えていきます。

　人材の視点に記入された項目は、特に従業員に率先して取り組んでほしいことばかりです。このうち「複数業務の習得」は、日頃からの課題であるのに、うまく進んでいない会社が多いようです。それは、従業員にその理由をきちんと説明できていないからです。しかし、この戦略マップなら明確です。「皆で海外旅行に行くために必要だから」と伝えればいいのです。

(1) 重要成功要因（CSF）

　戦略マップに書き込んだ「やるべきこと」を、重要成功要因といいます。ビジョン達成のために作った戦略マップですから、「成功のために重要な要因」というわけです。英語での表記 "Critical Success Factor" の頭文字を取って、CSFと略します。

(2) 重要業績評価指標（KPI）

　戦略マップに記入したそれぞれのCSFは、ビジョン達成のために必ずやり遂げなければなりません。では、やり遂げたかどうかをどう判断したらいいでしょうか。そこで、進捗を測るための指標が必要です。その指標を、重要業績評価指標といいます。英語での表記 "Key Performance Indicators" の頭文字を取って、KPIと略します。KPI各々に目標値を定め、その進捗を計測していきます。

　次のページに、戦略マップのCSFを表にしたものを掲載しました。戦略マップ活用の参考にしてください。このような表を、戦略テーブルと呼びます。この表に期限、進捗、担当者欄などを設ければ、経営計画にもなりそうです。

　これらのCSFは、さらに細かなCSFに分解できることがあります。例えば、「マーケティング手法の習得」の説明には、「通信教育にて」とあります。これは、以下のような細分化が可能です。

　①通信教育の選定
　②受講者リストと受講時期の決定
　③通信教育の申し込み

●第5章● ポイント5　経営方針

全社員で年に1度海外旅行に行くための戦略テーブル

No	CSF	視点	KPI	目標値	説明
1	旅行資金の積立	財務	積立金額	300万円	社員積立除く
2	売上アップ	財務	増加売上高	3,000万円	粗利率10%
3	新規顧客の開拓	顧客	新規注文数	50件	単価20万円
4	既存顧客のリピート増	顧客	リピート数	100件	単価20万円
5	営業ツールの整備	業務	ツール数	20個	全体の半分
6	顧客向けイベントの実施	業務	実施回数	2回	春と秋に実施
7	業務シフトの見直し	業務	見直し実績	半分の従業員での運用	短期間だけ半分を派遣社員で運用
8	マーケティング手法の習得	人材	習得人数	営業部全員	通信教育にて
9	企画力の強化	人材	企画数	5個	社内提案で募集
10	雇用	人材	採用人数	3人	新卒1名、中途2名
11	複数業務の習得	人材	達成人数	10人	担当業務一覧にて

④受講者の履修状況の確認
⑤修了証の確認

　それぞれにKPIや目標値を定めますが、形式にこだわるあまり実現性の低い戦略になっては意味がありません。決めすぎないでゆとりを持たせた戦略にするべきです。

3. 収益改善スパイラル

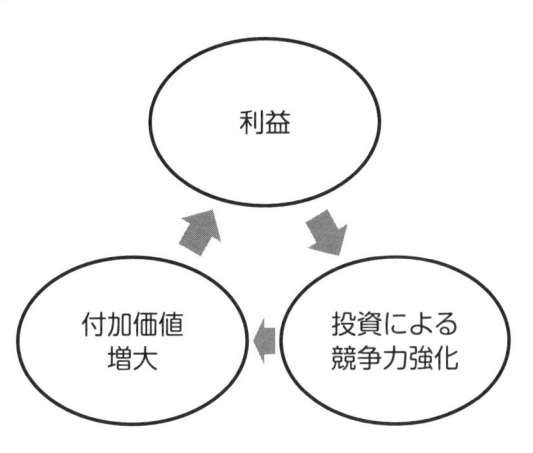

　企業の継続的な発展のためには、経営資源に投資を行い、強みを強化することが大切です。そして、投資を行うためには、原資となる利益が必要です。利益を投資し、強みを伸ばすと、競争力が強化されてさらに利益が得られます。この循

環を、「収益改善スパイラル」と呼ぶことにします。

収益改善スパイラルの3つの要素を整理していきましょう。

(1) 利益

利益がなければ、新しい投資は行うことができません。売上から費用を引いたものが利益ですから、利益を増やすためには、売上を伸ばし、無駄な費用の削減を行えばいいことになります。

しかし、費用の削減には注意が必要です。先に例としてあげた戦略マップのCSFを見てください。費用がかかりそうな項目ばかりです。費用は削減したいが、削減だけではCSFを実現することはできません。どのように考えればいいでしょうか。

それは、費用を「無駄なもの」と「必要なもの」に分けるのです。「必要なもの」とは、「戦略マップに記されているもの」と考えればいいでしょう。ビジョン達成のために必要なことは、戦略マップに記されているのです。利益が最終目標でないことは、既に学びました。利益を確保して、必要な費用はどんどんかければいいのです。これは、費用ではなく投資と考えるべきです。無駄な費用を抑えて、必要な投資を行うのです。

(2) 投資による競争力強化

投資は、企業の競争力を強めるために実施します。競争力とは何か、そしてその競争力をもたらしている経営資源は何かを分析しなければなりません。第3章で、競争力はQ（品質）、C（コスト・原価）、D（納期・スピード）、S（付帯サービス）、E（環境）の5要素に分類されると説明しました。その競争力の源泉である経営資源は、ヒト・モノ・カネ・情報に分類されます。強みを明らかにして、関与している経営資源に投資してください。

(3) 付加価値増大

投資によって高められた競争力は、企業の付加価値を増大させます。付加価値は、決算書の数値を使って簡単に計算することができます。決算書の使い方については、第6章で説明します。ここでは、「付加価値は利益と密接に関係している」とだけ知っておいてください。

競争力が高まれば、価格競争を避けることができます。どこでも買える製品やサービスではなく、あなたのところでしか買えない製品・サービスになっているはずだからです。当然、高い利益率を設定することができます。収益性が高まり、利益の確保につながるのです。こうして、スパイラルが再循環を始めます。

4. 章の終わりに

この章では、経営方針について説明しました。ビジョンを定め、強みと外部環境を分析して企業の方向性を定めるところまで来たのです。ビジョン達成のために何をすべきかが、はっきりしてきたと思います。すべきことが明らかになれば、あとは実行していくだけですが、やみくもに実行してもうまくいきません。CSFに期限を盛り込み、計画化していくことが重要です。次の章では、経営計画について説明していきます。

●第6章●
ポイント6　経営計画
～未来からの逆算で組む本当の計画～

「1年後…、2年後…」と

間違った計画を

立てる人のために

この章では、経営計画について説明していきます。経営方針で戦略マップを作成しCSFを洗い出したこの段階となっては、そのCSFに期限を定めることで、ほぼ計画は完成となります。しかし、5年後のビジョン達成に向けて期限を定めるといっても、現在の立ち位置と追い求めるビジョンがどれだけ離れているのか把握しなければ、実現性の高い計画を組むことはできません。現在の立ち位置を知るための有効なツールに決算書がありますが、その読み方についても説明していきます。

　本章は少し長くなりますので、しっかりと理解しながら読み進めるようにしてください。

1．経営計画とは

（1）方針と計画の違い

　経営方針と経営計画の違いは何でしょうか。経営方針は、ビジョン達成に向けて進むべき道を示したものですが、いつまでにどこまで進めばいいのかが記されていません。この「いつまで」、「どこまで」を表したものが経営計画です。5年後の目標値はKPIとして定めましたが、その目標値に向かって毎年どのように進めていけばいいのかが、経営計画によって明らかにされます。

（2）逆算計画

　皆さんは、「今年は売上が10億円に達したから、来年は1割増しの11億円を目指そう」という目標の立て方をしていませんか。この目標がまったく魅力に欠けることは、ビジョンのところで説明しました。

　しかし現実には、「来年は1割増し」という現在地出発型の目標や計画を作ってしまう人が多いのです。どうしてこのような目標を立ててしまうのでしょうか。それは、中長期目標が明確になっていないからです。もし、「5年後には売上20億円を達成して、全員の給料を2倍にする」というビジョンを設定したとすればどうでしょうか。毎年1割増しでは5年後は1.6倍程度にしかならず、20億円の売上は達成できません。ビジョンが明確になっていれば、最低でも「今後は毎年2億円ずつ売上を増やしていく」という目

標設定になるはずです。

　人間は、目標が明確で、期限までに必ず到達できると確信している場合、逆算で計画を組む習性があります。ここで1つ、例え話をします。

　あるコンサルタントが、少し遠方での研修講師の仕事を請け負いました。研修の開始時間は14時ですが、準備の時間を見込んで、13時には現地へ到着したいと思います。ここで、皆さんならどう予定を組みますか。インターネットが得意な人なら、路線検索を活用するでしょう。乗車駅と研修会場の最寄駅を入力し、到着したい時間をセットすると、何時の電車に乗ればいいか教えてくれます。その電車に乗るために、出発する時間を決め、それまでにやるべき仕事の内容を決めていきます。13時の到着を目標にして、出発時間から仕事を終える時間まで、すべて逆算で決めていくわけです。皆さんも、同じ方法をとると思います。

　逆に、目標が明確でないか、その目標までどうすればたどりつけるかわからない場合はどうでしょうか。例えば、資格試験に挑戦する場合について考えてみましょう。多くの資格試験の場合、本番の前に模擬試験が行われます。その模擬試験までにすべての受験科目の学習を終えようと作戦を組み、そこから逆算して学習を進めていきます。目標が明確なため、1日あたりテキスト何ページ進めればいいかもすぐに算出できます。一方で、模擬試験などの目標を定めず、いつまでに何をすべきか不明確な人は、「とりあえず1日1時間、休日は2時間勉強しよう」というような曖昧な計画を組んでしまうのです。

　経営計画を立てようとしたときに、現在地出発型でしか考えられなかった場合は、もっとビジョンを具体的にし、経営方針も明確にすることに時間を費やしてください。

2．経営計画書の内容

　経営計画を書面に表したものが経営計画書です。経営計画書を作成するにあたっては、留意すべき点があります。それは、次の3つです。

・読んでいて元気が出るような内容になっていること
・その夢を実現する作戦が、矛盾なく関連づけて記されていること
・読み手の誰にとっても、自らの役割や立ち位置が認識できる内容となっていること

　この留意点から外れた経営計画書は、発表時に皆に配って説明しても、そのあと二度と開かれることはありません。「経営計画書があるのに、誰も見ていない」と嘆く前に、皆が毎日でも眺めていたくなるような経営計画書作りに励みましょう。

　経営計画書には特に定められた様式はありませんが、書くべき内容としては以下の5つがあげられます。

(1) 経営理念
　事業を通して全員が追求すべき経営理念を、あらためて記しておくことは大切です。

(2) ビジョン
　経営理念とは、自社が無限に追求すべき道です。その道を5年間歩み続けた姿を表したものがビジョンです。これも、あらためて記しておきましょう。ビジョンは追求するものではなく、目標とし到達すべきものです。経営計画書は、このビジョンに到達する方法や手順を示したものです。

(3) 環境分析
　ビジョン到達に向けて、自社の強みや弱み、外部環境について分析した結果を記します。この分析結果から、次の経営方針が導かれます。

(4) 経営方針
　ビジョン到達に向けた方向性を示したものです。設備投資による競争力強化、新たな市場への販路開拓、新商品開発、雇用と処遇改善など、実施していきたい内容を記します。戦略マップのCSFが、ビジョン達成の手がかりとなります。

(5) 経営計画
　これが本題です。経営計画とは、経営方針で示された方向に数値と期限を

●第6章● ポイント6　経営計画

付したものだと説明しました。計画は多岐にわたることが多く、以下のようなものがあります。

① 行動計画

　第5章で戦略テーブルを紹介しました。戦略マップにあるCSFについて、KPIや目標値とともに一覧表にまとめたものです。ビジョン達成のためにやるべきことが、戦略テーブルにまとまっています。これを遂行していく期限を付与すれば、行動計画が出来上がります。

② 数値計画

　将来の収支を、予測損益計算書の形で記します。ただし、収支だけでは不十分で、予測貸借対照表もあわせて記述することが必要です。「毎年利益を出す計画を描いていれば、貸借対照表の方はいらないのでは」という声が聞こえてきそうですが、これは間違っています。

　例えば、収支計画では売上を拡大させる予定で、その方法が新店舗展開だったとするとどうでしょうか。新しい店舗には設備投資が必要ですし、新たな在庫も必要です。設備や在庫のことは損益計算書に記されていませんし、何より必要なキャッシュのことがわかりません。ですから、予測損益計算書と予測貸借対照表はセットなのです。損益計算書、貸借対照表の読み方については次節で解説しますので、参照してください。

③ 人員計画とキャリアプラン

　企業の競争力強化は人材と設備への投資であると、収益改善スパイラルのところで説明しました。雇用計画と人材の教育投資計画をあわせて人員計画とします。

　ここでは、教育投資の際に活用すると良いキャリアプランについて説明します。入社5年目の人材に求められる知識・技術・経験について、社内のベテラン社員、管理職の人に質問してみてください。きっと皆さん、それぞれ異なった意見を述べるでしょう。人材を育てる人たちがそのような状態では、効果的な人材教育などできるはずがありません。

　この質問に誰もが同じように答えられるようにするのが、キャリアプラン

です。大企業では、人事評価制度とあわせて導入が進んでいます。中小企業でも、まずはシンプルなキャリアプランを策定することから始めてはいかがでしょうか。

　ここで、金属部品加工を行う中小企業Ａ社が実際に活用している技術者向けのキャリアプランを例示します。簡単で誰でも理解できるため、皆に浸透しています。教育する側と教育を受ける側が、共通の認識で同じ目標を持てるのです。また、職能給とそれに対する手当も明示されています。従業員にとっては、社内で努力することが処遇改善につながり、自分の人生設計に結びつけることも可能です。人生設計に結びつくと、モチベーションも上がります。

　このように、いろいろと副次的な効果がありますので、キャリアプランをぜひ作成してください。人員計画には技術者の一覧を記入し、想定する技術等級と職能給が記されれば、将来の人件費算出にも役立てることができます。人員計画の事例もあわせて示しておきます。

Ａ社の技術者キャリアプラン

時期	内容	到達技術等級	技術能力給
1年目	・先輩の指導のもと汎用工作機械を2種扱える	1級	5,000
2年目	・指導なしで汎用工作機械を2種扱える	2級	10,000
3年目	・すべての汎用工作機械を扱える ・先輩の指導のもと複合機などNC工作機を扱える	3級	15,000
4年目	・独力でNC工作機を扱える ・汎用工作機械について後輩の指導ができる	4級	20,000
5年目	・すべての工作機械について後輩の指導ができる ・先輩の指導のもと作業ごとの見積ができる	5級	25,000
6年目	・工場全体の作業計画を作成できる ・営業担当の依頼のもと独力で見積ができる	6級	30,000
7年目	・営業担当と共に顧客向けの提案が作成できる	7級	35,000

●第6章● ポイント6 経営計画

A社の人員計画

氏名	1年目 等級	1年目 能力給	2年目 等級	2年目 能力給	3年目 等級	3年目 能力給	4年目 等級	4年目 能力給	5年目 等級	5年目 能力給
佐藤	7	35	7	35	7	35	7(定年)	35		
鈴木	5	25	6	30	7	35	7	35	7	35
高橋	3	15	4	20	5	25	6	30	7	35
田中	2	10	3	15	4	20	5	25	6	30
渡辺	1	5	2	10	3	15	4	20	5	25
A			1	5	2	10	3	15	4	20
B							1	5	2	10
能力給合計		90		115		140		165		155

※能力給の単位は千円。A、Bは将来の雇用を表す。

④ 設備投資計画

　設備投資は投資金額が大きくなるため、計画的に実施すべきです。数値計画により、留保できる利益やキャッシュの額が明らかになりますので、その金額と比較して、借入が必要なのかどうかも判断できます。設備投資計画と予想貸借対照表は密接に関係しますので、矛盾がないように作りこむ必要があります。

3. 決算書の読み方と財務分析

　前節では、逆算計画について説明しました。目的地と現在地がはっきりしていれば、どのように目的地にたどりつくか考えることができます。考えが浮かばないときは、強みや外部環境の分析をしっかり行いましょう。第2章で説明したように、目的地はビジョンです。それでは、現在地は何なのでしょうか。第3章で強みや弱みのことを考えましたが、自社の現在の状況を理解するために、経営資源や競争力のことを考える必要があります。そしてもう1つ、現在地を知るために重要なのは、決算書なのです。

　本書は決算書の解説書ではありませんので詳しくは説明しませんが、この章を理解するために、最低限必要な知識だけを解説していきます。

(1) 損益計算書

決算書の1つ目は、損益計算書です。1年間の売上や利益について記したものです。次のような様式になっています。

損益計算書
(20XX年4月1日～20XX年3月31日)

売　　上　　高	360,000
売　　上　　原　　価	200,000
売　上　総　利　益	160,000
販売費及び一般管理費	120,000
営　　業　　利　　益	40,000
営　業　外　収　益	1,000
営　業　外　費　用	28,000
経　　常　　利　　益	13,000
特　　別　　利　　益	400
特　　別　　損　　失	800
税引前当期純利益	12,600
法　人　税　等　充　当　額	4,000
当　　期　　純　　利　　益	8,600

※この例では、あえて各値を小さくしています。

損益計算書の中で重要なものは、「売上総利益」、「営業利益」、「経常利益」の3つです。以下、それぞれについて説明します。

① 売上総利益

売上から売上原価を引いたものが売上総利益です。「粗利（あらり）」と呼ばれることもあります。売上原価は販売したものにかかった費用のことで、製造業であれば製造に要した費用、小売業であれば仕入代ということになります。製造や仕入の費用といっても、在庫分は含まれません。

② 営業利益

売上総利益からさらに販売費及び一般管理費（以下、「販管費」）を引いたものが営業利益です。

販管費はいわゆる経費のことで、費用全体のうち、売上原価を除くほとん

どを占めます。家賃や水道光熱費、事務員の給与など、多岐にわたります。そのため、決算書には販管費の内訳書がついています。

販売費及び一般管理費　内訳
（20XX年4月1日～20XX年3月31日）

項目	金額
役　員　報　酬	10,000
給　　　　　与	25,000
賞　　　　　与	5,000
福　利　厚　生　費	4,000
法　定　福　利　費	5,000
事　務　消　耗　品　費	17,000
減　価　償　却　費	13,000
水　道　光　熱　費	10,000
通　信　交　通　費	8,000
車　両　運　搬　費	5,000
広　告　宣　伝　費	5,000
会　　　　　費	3,000
賃　　借　　料	7,000
保　　険　　料	2,000
雑　　　　　費	1,000
合　　　　　計	120,000

※この例では、あえて各値を小さくしています。

　これらの経費の中で、重要なものが2つあります。それは、人件費と減価償却費です。

　人件費という項目は、販管費の内訳書にはありません。役員報酬、給与、賞与、法定福利費、福利厚生費の合計が人件費となります。また、製造業や建設業の場合は、売上原価の中に人件費が「労務費」として含まれている場合があります。そのときは、この労務費も加えるようにしてください。人件費は、あとの生産性分析で使います。

　減価償却費は、設備の価値の目減り分と考えてください。例えば、機械装置を1億円で購入したとします。1億円の支出をしたわけですが、一度に1億円の費用は計上しません。なぜなら、1億円の支出をしたとしても、1億

円の価値があるもの（この場合は、機械装置）が手元に残っていて、損も得もしていないからです。しかし、この機械装置は、長期にわたって使用するうちに古くなり価値が減ってきます。その分を、「減価償却費」として計上しようという仕組みです。計算の仕方はいくつかありますが、均等に10年で目減りさせるとすれば、毎年1,000万円の減価償却費を計上することになります。設備投資をすれば、投資のために支出したキャッシュが減り、費用は減価償却費として計上されていきます。

③ 経常利益

最後は、経常利益です。営業利益に「営業外収益」を加え、「営業外費用」を引いて計算します。

営業外収益は、雑収入や受取利息などです。営業外費用は、雑損失と支払利息・割引料などが占めます。受取利息や支払利息・割引料は、金融関係の収入や費用です。借入負担の大きい企業は、支払利息が大きくなります。営業利益は黒字なのに、借入による利息負担が大きすぎて経常損失となる企業がたくさん存在します。

(2) 貸借対照表

次の決算書は、貸借対照表です。貸借対照表は、ある時点の資産の「運用と調達」の状況を表しています。貸借対照表の例は、次ページの通りです。

まず、この表が左右に分かれていることに気がつきます。会社にある資産の一覧が左側です。その合計が、この例では201,000となっています。そして、これだけの資産を集めるために必要だった資金が右側に書いてあります。借入金や純資産などです。純資産は自己資本ともいい、資本金や利益など、自ら調達したもののことです。このように、資産と調達を表したものが貸借対照表なのです。

① 資産

左側の資産のうち重要なものは、売上債権、棚卸資産、固定資産です。

売上債権は、売掛金と受取手形の合計です。売上を計上して顧客に請求したが、まだ入金に至っていないものを売上債権といいます。売上が増えれば、

●第6章● ポイント6　経営計画

貸借対照表
（20XX年3月31日時点）

資　産　の　部		負　債　の　部	
流　動　資　産		流　動　負　債	
現金・預金	2,000	支　払　手　形	10,000
受　取　手　形	12,000	買　　掛　　金	12,000
売　　掛　　金	18,000	短　期　借　入　金	20,000
有　価　証　券	1,000	流　動　負　債　合　計	42,000
商　　　　　品	20,000	固　定　負　債	
そ　　の　　他	1,000	長　期　借　入　金	100,000
流　動　資　産　合　計	54,000	固　定　負　債　合　計	100,000
固　定　資　産		負　債　合　計	142,000
土　　　　　地	20,000	純　資　産　の　部	
建　　　　　物	118,000	資　　本　　金	30,000
機　械　装　置	5,000	資　本　剰　余　金	5,000
運　　搬　　具	3,000	利　益　剰　余　金	24,000
そ　　の　　他	1,000	（当期純利益）	(8,600)
固　定　資　産　合　計	147,000	純　資　産　合　計	59,000
資　産　合　計	201,000	負　債　純　資　産　合　計	201,000

※この例では、あえて各値を小さくしています。

売上債権も増加する傾向にあります。

　棚卸資産は、この例でいえば商品のことです。製造業では、製品となります。他にも、材料や仕掛品（完成していない製品）などがここに含まれます。売上規模に応じて在庫拡充が必要となるため、売上に応じて増加する傾向にあります。

　最後は、固定資産です。設備などの投資を行うと、ここに記載されます。毎年の減価償却により、金額は減少していきます。

② 調達

　右側の調達のうち重要なものは、仕入債務、借入金、純資産です。

　仕入債務は、買掛金と支払手形の合計です。仕入を行い仕入先から請求されたが、まだ支払日が来ていないものを仕入債務といいます。売上債権同様

に、売上の増加に応じて増加する傾向にあります。

　借入金は、短期借入金と長期借入金に分かれます。主には金融機関からの借入ですが、他からの借入金も含まれます。

　最後は、純資産です。会社を始めた際に積んだ資本金と、その後の事業活動で得られた利益の合計と考えてください。利益は、会社設立からの累計となります。利益剰余金の金額が、それにあたります。

(3) キャッシュ・フロー計算書

　3つ目の決算書が、キャッシュ・フロー計算書です。キャッシュ・フロー計算書は、損益計算書や貸借対照表と異なり、多くの企業の決算書に含まれていません。税法上、作成する義務がないからです。しかし、キャッシュ・フロー計算書はとても重要な計算書です。なぜなら、経営の中で一番重視すべきキャッシュのことが詳細に記されているからです。

　次ページに、キャッシュ・フロー計算書の例を掲載しました。キャッシュ・フロー計算書では、キャッシュの動きを、営業活動、投資活動、財務活動の3つのグループに分けて掲載します。それぞれ、ⅠからⅢの見出しがつけられています。それらの合計がⅣであり、期首の現預金残高であるⅤと合算して、Ⅵの期末の現預金残高が算出されています。

①　営業活動によるキャッシュ・フロー

　営業活動とは、事業活動のことです。期間内の事業活動でキャッシュの増減がどうであったかを記載します。利益ではなく、キャッシュです。

　利益は売上から費用を引いて計算しますが、キャッシュの増減は収入から支出を引いて計算します。売上と収入、費用と支出は必ずしも一致しませんので、利益とキャッシュの増減も一致しません。また、仕入のための支出は費用に計上しませんが、事業活動のために必要な支出として営業活動によるキャッシュ・フローの計算に含まれます。

②　投資活動によるキャッシュ・フロー

　投資活動とは、主に設備投資のことです。建物や機械装置を購入した際、その支出を投資活動によるキャッシュ・フローに計上します。機械装置など

キャッシュ・フロー計算書
（20XX年4月1日～20XX年3月31日）

I	営業活動によるキャッシュ・フロー	
	売上による収入	300,000
	商品仕入による支出	△200,000
	人件費支出	△40,000
	その他営業費支出	△20,000
	小計	40,000
	利息の支払額	△35,000
	法人税等の支払額	△6,000
	営業活動によるキャッシュ・フロー	△1,000
II	投資活動によるキャッシュ・フロー	
	有価証券の取得による支出	△1,000
	有形固定資産の取得による支出	△2,000
	投資活動によるキャッシュ・フロー	△3,000
III	財務活動によるキャッシュ・フロー	
	短期借入金返済による支出	△10,000
	長期借入による収入	15,000
	財務活動によるキャッシュ・フロー	5,000
IV	現金及び現金同等物の増加額	1,000
V	現金及び現金同等物の期首残高	1,000
VI	現金及び現金同等物の期末残高	2,000

※この例では、あえて各値を小さくしています。

を売却した場合を除いて、ほとんどの場合、このキャッシュ・フローはマイナスとなります。

③　財務活動によるキャッシュ・フロー

財務活動とは、金融活動と考えてください。借入をした場合はこのキャッシュ・フローがプラスとなり、返済をした場合はマイナスとなります。

④　簡易キャッシュ・フロー計算書

キャッシュ・フロー計算書は、どのように作成すればいいでしょうか。主なやり方は、3つあります。1つ目は、多くの会計ソフトについているキャッシュ・フロー計算書を出力する機能を利用する方法です。もう1つは、税理

士に依頼する方法です。最後は、自分で作るというやり方です。

ここでは、簡易的なキャッシュ・フロー計算書の作成方法を説明します。直近とその前年の貸借対照表と直近の減価償却費の額がわかれば作成することができます。まず、2期分の貸借対照表が次のようになったとします。

	X1年	X2年		X1年	X2年
現預金	10	12	仕入債務	20	18
売上債権	15	20	借入金	20	22
棚卸資産	18	10	純資産	23	25
固定資産	20	23	(当期利益)		(2)
合計	63	65	合計	63	65

求めたいのは、「営業活動によるキャッシュ・フロー」、「投資活動によるキャッシュ・フロー」、「財務活動によるキャッシュ・フロー」の3つと、それらの合計「現金及び現金同等物の増加額」です。

すなわち、以下のような簡易キャッシュ・フロー計算書です。

Ⅰ	営業活動によるキャッシュ・フロー	(エ)
Ⅱ	投資活動によるキャッシュ・フロー	(ウ)
Ⅲ	財務活動によるキャッシュ・フロー	(イ)
Ⅳ	現金及び現金同等物の増加額	(ア)

(ア)から(エ)にそれぞれの値が入るのですが、Ⅳの「現金及び現金同等物の増加額」から順に求めていくため、あえて下から(ア)としています。

(ア)「現金及び現金同等物の増加額」を求める

まずは、簡易キャッシュ・フロー計算書の合計欄である(ア)の値を求めます。現預金の額は貸借対照表に記載されているので、どれだけ増えたか一目瞭然です。先の例では、X1年度が10、X2年度が12で、2増えています。ですから(ア)に入るのは「＋2」です。

(イ)「財務活動によるキャッシュ・フロー」を求める

次に、財務活動によるキャッシュ・フローを求めます。貸借対照表の借入金の額に注目します。X1年度の20からX2年度は22となって、2増えてい

●第6章● ポイント6 経営計画

ます。新たな借入をしているので、キャッシュは2増えています。(イ)に入るのは「+2」です。

(ウ)「投資活動によるキャッシュ・フロー」を求める

さらに、投資活動によるキャッシュ・フローを求めます。貸借対照表の固定資産の額に注目します。X1年度の20からX2年度は23となって、3増えています。固定資産が3増えているということは、3だけ投資をしたということです。投資にキャッシュを3使ったわけですから、(ウ)に入るのは「-3」です。

(エ)「営業活動によるキャッシュ・フロー」を求める

最後は、営業活動によるキャッシュ・フローです。これまでの結果を確認してみましょう。

I	営業活動によるキャッシュ・フロー	(エ)
II	投資活動によるキャッシュ・フロー	-3
III	財務活動によるキャッシュ・フロー	+2
IV	現金及び現金同等物の増加額	+2

IからIIIまでの合計がIVです。すでに、II、III、IVの値がわかっているので逆算できます。(エ)に入るのは「+3」です。

これで、簡易キャッシュ・フロー計算書ができました。以下のようになります。

I	営業活動によるキャッシュ・フロー	+3
II	投資活動によるキャッシュ・フロー	-3
III	財務活動によるキャッシュ・フロー	+2
IV	現金及び現金同等物の増加額	+2

(オ)減価償却費を考慮に入れる

これに減価償却を計算に入れて、簡易キャッシュ・フロー計算書は完成です。手順は簡単です。まず、損益計算書から減価償却費の額を調べてください。売上原価と販管費の内訳を調べれば書いてあります。両方にある場合は、合計してください。その値を投資活動によるキャッシュ・フローから引

き、営業活動によるキャッシュ・フローに加えてください。仮に減価償却費が1だったとすると、以下のようになります。

I	営業活動によるキャッシュ・フロー	＋4
II	投資活動によるキャッシュ・フロー	－4
III	財務活動によるキャッシュ・フロー	＋2
IV	現金及び現金同等物の増加額	＋2

(4) 財務分析

これまで決算書の読み方について説明してきましたが、経営計画を作成するにあたっては、財務分析の知識が一部必要です。財務分析とは、決算書などの資料を分析して経営判断の参考にする手法です。分析する分野は多岐にわたりますが、経営計画と密接に関係するものは、収益性、効率性、生産性の3分野です。それぞれについて説明します。

① 収益性

収益性の分析には、主に利益率を使います。先ほど損益計算書の読み方を紹介したところで、売上総利益、営業利益、経常利益の3つの利益について説明しました。それぞれの額が売上高の何％にあたるのか計算したのが利益率です。

売上高総利益率	$\dfrac{売上総利益}{売上高} \times 100 (\%)$
売上高営業利益率	$\dfrac{営業利益}{売上高} \times 100 (\%)$
売上高経常利益率	$\dfrac{経常利益}{売上高} \times 100 (\%)$

経営状況に変化がなければ、こうした利益率はあまり変化しません。そのため、利益率をあらかじめ知っておけば、売上高の計画を組む際に想定する売上総利益、営業利益、経常利益を簡単に計算することができます。

② 効率性

効率性の分析には、回転率を使います。貸借対照表にはさまざまな資産が

掲載されていますが、これらの資産を効率的に運用できているかどうかを、回転率という指標を使って計算します。資産のうち重要な売上債権、棚卸資産、固定資産の３つの回転率は、次のように計算できます。

売上債権回転率	$\dfrac{売上高}{売上債権}$	（回）
棚卸資産回転率	$\dfrac{売上高}{棚卸資産}$	（回）
固定資産回転率	$\dfrac{売上高}{固定資産}$	（回）

　回転率も利益率と同じく、経営状況に変化がなければあまり変化しません。そのため、経営計画の売上高の値とこれらの回転率の値を使えば、売上債権、棚卸資産、固定資産が算出できます。

③　生産性

　これまで、収益性と効率性について説明してきました。これらは、売上高から利益や資産の値を計算するために紹介しましたが、生産性については少し事情が異なります。

　第５章で、収益改善スパイラルについて説明しました。投資により競争力を強化し付加価値を増大させるのですが、この「付加価値」を算出するのが生産性の分析なのです。付加価値は、「営業利益＋人件費＋減価償却費」で算出されます。

　この付加価値額を従業員の数で割ると、「１人あたりの付加価値額」がわかります。これを、労働生産性といいます。

労働生産性	$\dfrac{付加価値額}{従業員数}$	（円）

　競争力が高まると、付加価値額や労働生産性が向上するはずです。経営計画の中にこうした生産性指標を盛り込むことで、競争力についても数値管理することが可能となります。

4. 付加価値潜在力

(1) 付加価値潜在力とは

　前節で生産性について説明しましたが、経営計画にぜひ盛り込んでほしい指標があります。それは、「付加価値潜在力」です。決算書から計算できる付加価値額は過去のものであり、これから顧客にどういった付加価値を提供していくかという未来の話ではありません。また、同じ付加価値額を今後も継続的に生み出すことができるかどうかはわかりません。そこで、付加価値に「潜在力」という未来に対する考え方を盛り込むのです。この指標は私のオリジナルで、講演やコンサルティング支援などで皆さんに提案しているものです。

　付加価値潜在力は、「労働生産性×従業員数×（退職年齢－平均年齢）」で算出されます。労働生産性は「1人あたりの付加価値額」ですから、従業員数を掛けると付加価値額総額となります。その値に、（退職年齢－平均年齢）を掛けます。これは、企業が将来何年にわたってその付加価値額を提供できるかを簡易的に表すためです。例えば、退職年齢が65歳で平均年齢が30歳であれば、向こう35年は同じ付加価値額を提供できるという考え方です。この付加価値潜在力は、何もしなければ毎年減少していきます。なぜなら、平均年齢が1つ上がることで、（退職年齢－平均年齢）が減ってしまうからです。

　この付加価値潜在力を増やすために考えられる方策は、以下の4つです。
①労働生産性を向上させる（競争力強化による付加価値増大）
②従業員数を増やす（雇用）
③退職年齢を引き上げる（定年制度の見直し、嘱託制度の活用）
④平均年齢を下げる（新規採用、高卒採用）

　注目すべきなのは、「競争力強化」と「人材への投資」という企業の繁栄のために不可欠な要素がすべて含まれていることです。

(2) 活用の例

それでは、付加価値潜在力の活用について例を使って説明します。
次の付加価値潜在力の予測を見てください。

付加価値潜在力の予測

		単位	5年後	4年後	3年後	2年後	1年後	現在
a	付加価値潜在力 d×(e−f)	百万円	2,364	2,236	2,145	2,030	1,900	2,000
b	労働生産性	百万円	10	9	10	9	10	10
c	従業員数	人	12	12	11	11	10	10
d	付加価値額 (b×c)	百万円	120	108	110	99	100	100
e	退職年齢	歳	65	65	65	65	65	65
f	平均年齢	歳	45.3	44.3	45.5	44.5	46	45
付加価値潜在力		直近は2,000であったが、1年後は対策を講じないために1,900に低下。2年後以降は隔年で採用と教育を実施し、5年後には2,364の付加価値潜在力を見込む。					
人事計画		2年に1度、20歳前後の新規採用を行う。新規採用を行った年は労働生産性が1だけ低下すると見込む。1年かけて教育し、次年度から標準的な生産性を確保するよう努める。					

この例では、2年後と4年後に20歳前後の人材を雇用する計画となっています。雇用した年は人材が育っていないため、労働生産性の低下が起きています。

2年後の付加価値額は、99となっています。もともと100だったのですが、新規採用の人材が付加価値を生まないことと、教育により一部の人材が生産活動から離れることを表しています。しかし、付加価値潜在力は2,030となり、前年度を上回っています。これは、平均年齢が下がり、将来にわたって付加価値を提供する期間が長くなったためです。次年度に労働生産性をもとに戻すことで、付加価値潜在力が大幅に向上しています。この流れを、4年目、5年目にも繰り返す予定です。

この表の前提となっていることは、労働生産性の維持、20歳前後の人材の雇用、1年間で一人前にする教育プログラム、の3つです。「教育プログ

ラムをどうするか」という検討項目が、新たに加わりました。付加価値潜在力をもとに計画を策定した結果、課題が明らかになることもあるのです。

5. 経営計画の策定

(1) 戦略マップと戦略テーブルの作成

　戦略マップと戦略テーブルからアプローチしていきます。ここでは、金属加工を行う製造業A社を事例として進めていきます。経営者と従業員が話し合い、ビジョン、環境分析、経営方針の策定まで行いました。その内容を、戦略マップ、戦略テーブルとして表しました。戦略テーブルには実施時期も記入していますので、これが行動計画となります。

　なお、事例として紹介している戦略マップ、戦略テーブルは、簡略化しています。CSFをさらに細分化する必要がある場合は、戦略マップ、戦略テーブルとも細分化して展開してください。進め方は同じですので、ここでは細分化は行いません。

A社の戦略マップ

●第6章● ポイント6　経営計画

A社の戦略テーブル

No	CSF	視点	KPI	目標値	実施時期 1	2	3	4	5
1	設備投資	財務	実施有無	実施					■ 購入
2	設備のための内部留保	財務	留保金額	1,200万円	■ 100	■ 200	■ 400	■ 500	
3	労働生産性改善	財務	労働生産性	900万円	■ 800	■ 800	■ 850	■ 850	■ 900
4	利益率向上	財務	売上総利益率	37.5%	■ 35.5	■ 36.0	■ 36.5	■ 37.0	■ 37.5
5	売上拡大	財務	売上高	2.3億円	■ 1.5	■ 1.7	■ 1.9	■ 2.1	■ 2.3
6	社員旅行資金の内部留保	財務	留保金額	500万円	■ 100	■ 100	■ 100	■ 100	■ 100
7	新規顧客開拓	顧客	開拓数	10社	■ 2	■ 2	■ 2	■ 2	■ 2
8	既存顧客リピート	顧客	年間客単価	700万円	■ 580	■ 610	■ 640	■ 670	■ 700
9	提案営業	業務	採用提案数	10件	■ 2	■ 2	■ 2	■ 2	■ 2
10	加工力強化	業務	不良率	0.02%以下	■ 0.05	■ 0.04	■ 0.03	■ 0.02	■ 0.01
11	人員体制強化	業務	6級以上の人数	2名	■ 1	■ 2	■ 2	■ 3	■ 2
12	提案技術習得	人材	研修済人数	6級進級者全員		■ 鈴木		■ 高橋	
13	加工技術習得	人材	研修済人数	3級進級者全員	■ 高橋	■ 田中	■ 田中	■ A	
14	社員雇用2名	人材	雇用人数	2名		■ A		■ B	

[戦略テーブルの説明]

1　設備投資

　　5年後に1,200万円のNC複合加工機を購入。借入には依存せず自己資金で購入。

2　設備のための内部留保

　　1年目から4年目にかけて、設備投資のための内部留保を実施。実施時期の下段は、毎年の目標留保額を示す。合計で1,200万円を見込む。

3　労働生産性改善

　　現在の労働生産性（1人あたりの付加価値額）を改善し、5年後には900万円を目指す。2年ごとに50万円ずつの改善を見込む。

4　利益率向上

　　売上総利益率を37.5％にするために、毎年0.5％ずつの改善を見込む。

5　売上拡大

　　5年後に年商2.3億を目指す。毎年2,000万円の売上増加を見込む。

6　社員旅行資金の内部留保

　　社員旅行の資金500万円を、毎年100万円ずつ内部留保することによって確保する。

7　新規顧客開拓

　　毎年2社ずつ新規顧客開拓を行う。

8　既存顧客リピート

　　既存顧客のリピート開拓を行い、1社あたりの平均年間売上高700万円を目指す。毎年30万円ずつの増加を目指す。

9　提案営業

　　既存顧客、新規顧客に積極的に提案を行い、毎年2件ずつの採用を目指す。

10　加工力強化

　　不良率低下のための取組みを実施し、毎年0.01％ずつの低下を目指す。

11　人員体制強化

　　工場全体を管理できる6級以上の技術者が2名以上いる状態を継続する。

12　提案技術習得

　　営業的な能力が求められる6級への進級者に対して、提案技術を学ぶ研修を受講させる。

13　加工技術習得
　　NC加工機を使い始める3級進級者に対して、研修を受講させる。
14　社員雇用
　　2年目と4年目に、それぞれ1名ずつ新規採用を行う。

(2) 数値計画作成と整合性の確認

戦略テーブルから行動計画が得られたら、その計画をまず数値計画に落とし込みます。A社の事例を使って説明します。

①　予測損益計算書

まずは、予測損益計算書です。次ページの予測損益計算書を見ながら、説明を読んでください。

●売上高：（ア）＝（イ）×（ウ）

戦略テーブルの5番目が売上高についての目標でしたが、あわせて7番目の新規顧客開拓と8番目の年間客単価が売上高に関係します。そのため、予測損益計算書には（イ）客数と（ウ）客単価を掲載し、その掛け算として売上高を計算しています。戦略テーブルの5番、7番、8番に記載されている内容と矛盾がないことを確認してください。

●売上総利益：（キ）＝（ア）×（ク）

戦略テーブルの4番目が、売上総利益率についての目標でした。そのため、（ク）売上総利益率に各年度の目標値を記載しました。売上高と売上総利益率の掛け算で売上総利益を求めます。

●売上原価：（エ）＝（ア）－（キ）

売上原価は、売上高と売上総利益から逆算して求めます。売上原価の中には労務費が含まれますが、戦略テーブルに従った人員計画を作成しなければ、労務費の想定金額は出てきません。

予測損益計算書の次のページに、人員計画表を掲載しています。各従業員の基本給と能力給をもとに、月額の給与総額を求めます。さらに、年額に換算するために15ヵ月分を見込んでいます（3ヵ月分は会社負担の社会保険料等を想定しています）。それが労務費となり、残りが労務費以外

A社の予測損益計算書 （金額の単位：千円、端数は四捨五入）

		直近期	第1期	第2期	第3期	第4期	第5期
ア	売上高	137,500	156,600	176,900	198,400	221,100	245,000
イ	客数	25	27	29	31	33	35
ウ	客単価	5,500	5,800	6,100	6,400	6,700	7,000
エ	売上原価	89,375	101,007	113,216	125,984	139,293	153,125
オ	労務費	21,225	21,825	25,200	25,950	29,400	24,375
カ	労務費以外	68,150	79,182	88,016	100,034	109,893	128,750
キ	売上総利益	48,125	55,593	63,684	72,416	81,807	91,875
ク	売上総利益率	35.0%	35.5%	36.0%	36.5%	37.0%	37.5%
ケ	販管費	34,375	39,150	44,225	49,600	55,275	61,250
コ	営業利益	13,750	16,443	19,459	22,816	26,532	30,625
サ	営業外収益	0	0	0	0	0	0
シ	営業外費用	500	500	500	500	500	500
ス	経常利益	13,250	15,943	18,959	22,316	26,032	30,125
セ	法人税等	3,975	4,783	5,688	6,695	7,810	9,038
ソ	当期利益	9,275	11,160	13,271	15,621	18,222	21,088

となります。

●営業利益：（コ）＝（キ）－（ケ）

　営業利益は、売上総利益から販管費を引いて求めます。販管費は直近の決算期が売上高の概ね25％であったため、毎年売上高の25％として計算しています。

●経常利益：（ス）＝（コ）＋（サ）－（シ）

　経常利益は、営業利益に営業外収益を加え営業外費用を引いて求めます。営業外費用は借入金の利息ですが、直近期の金額に等しくしました。返済により元本が減ることで、利息は通常減少していきます。返済計画に従って、詳細な数値を設定した方がいい場合もあります。1年間に借入と返済が完了してしまうような短期借入金を考慮すると、返済計画より多くの支払利息が発生することになります。そのため、直近期と同額にすることが多いです。

A社の人員計画（給与について）　　（単位：千円、端数は四捨五入）

		直近期	第1期	第2期	第3期	第4期	第5期
佐藤	月間支給額	385	385	385	385	385	
	基本給	350	350	350	350	350	
	能力給	35	35	35	35	35	
鈴木	月間支給額	350	360	370	380	385	385
	基本給	330	335	340	345	350	350
	能力給	20	25	30	35	35	35
高橋	月間支給額	285	295	305	315	325	335
	基本給	275	280	285	290	295	300
	能力給	10	15	20	25	30	35
田中	月間支給額	205	215	225	235	245	255
	基本給	200	205	210	215	220	225
	能力給	5	10	15	20	25	30
渡辺	月間支給額	190	200	210	220	230	240
	基本給	190	195	200	205	210	215
	能力給	0	5	10	15	20	25
A	月間支給額			185	195	205	215
	基本給			180	185	190	195
	能力給			5	10	15	20
B	月間支給額					185	195
	基本給					180	185
	能力給					5	10
給与月額		1,415	1,455	1,680	1,730	1,960	1,625
人件費 ※15ヵ月分		21,225	21,825	25,200	25,950	29,400	24,375

● 当期利益：(ソ)＝(ス)−(セ)

　当期利益は、経常利益から法人税等を引いて求めます。法人税等は、経常利益の30％としました。

② 予測貸借対照表

　次は、予測貸借対照表です。次ページの予測貸借対照表を見ながら、説明を読んでください。

A社の予測貸借対照表　　（単位：千円、端数は四捨五入）

		直近期	第1期	第2期	第3期	第4期	第5期
タ	現預金	3,646	10,145	18,526	29,026	41,898	45,404
チ	売上債権	22,917	26,100	29,483	33,067	36,850	40,833
ツ	棚卸資産	17,188	19,575	22,113	24,800	27,638	30,625
テ	固定資産	40,000	36,000	32,000	28,000	24,000	32,000
ト	その他資産	1,000	1,000	1,000	1,000	1,000	1,000
ナ	資産合計	84,750	92,820	103,121	115,893	131,385	149,863
ニ	仕入債務	13,750	15,660	17,690	19,840	22,110	24,500
ヌ	借入金	30,000	25,000	20,000	15,000	10,000	5,000
ネ	その他負債	1,000	1,000	1,000	1,000	1,000	1,000
ノ	純資産	10,000	10,000	10,000	10,000	10,000	10,000
ハ	利益剰余金	30,000	41,160	54,431	70,053	88,275	109,363
ヒ	負債純資産合計	84,750	92,820	103,121	115,893	131,385	149,863

●現預金

現預金は最後に求めるため、あらためて説明します。

●売上債権：（チ）＝（ア）÷12×2

売上債権は直近期が売上高のおよそ2ヵ月分であったため、今後も同様に推移すると予測して計算しました。財務分析の効率性の指標で紹介した売上債権回転率でいえば、6回ということになります。

●棚卸資産：（ツ）＝（ア）÷12×1.5

棚卸資産は、売上債権と同様の考え方です。棚卸資産回転率を計算すると8回でした。1.5ヵ月分ということになります。

●固定資産

固定資産は直近期の減価償却費が4,000千円であったため、直近期の固定資産額から毎年4,000千円だけ減少させています。ただし、第5期は12,000千円の投資があるため、減価償却の4,000千円と差し引いて8,000千円だけ増加させています。

●その他資産

その他資産は、直近期の1,000千円のままで推移する見込みです。

●資産合計

　資産合計は、現預金の額がまだ定まらないので現時点では不明です。先に「負債純資産合計」が求まります。資産合計は「負債純資産合計」と同じ値になります。

●仕入債務：（ニ）＝（ツ）×0.8

　仕入れたものは棚卸資産に一時ストックされるため、直近期の棚卸資産と仕入債務の割合を求めれば、同じ割合で第1期以降の仕入債務を求めることができます。直近期では仕入債務が棚卸資産の80％程度でしたので、同じ割合で各期の仕入債務を求めました。

●借入金

　A社は毎年5,000千円返済する計画でしたので、それに従い各期の借入金残高を計算しました。

●その他負債

　その他負債は、直近期の1,000千円のままで推移する見込みです。

●純資産

　A社の資本金10,000千円は、一定のまま推移する見込みです。

●利益剰余金：（ハ）＝前期の利益剰余金＋（ソ）

　直近の利益剰余金は、30,000千円でした。これに、各期の「当期利益」を加えることで求めます。

●負債純資産合計：（ヒ）＝（ニ）＋（ヌ）＋（ネ）＋（ノ）＋（ハ）

　負債純資産合計は、仕入債務から利益剰余金までを加えることで求めることができます。

●【再出】資産合計

　資産合計は、先の負債純資産合計と同じ値になります。

●【再出】現預金：（タ）＝（ナ）－（チ）－（ツ）－（テ）－（ト）

　資産合計が求まりました。資産合計から売上債権、棚卸資産、固定資産、その他資産を引けば、現預金を求めることができます。

　A社の戦略テーブルにある「設備のための内部留保」と「社員旅行資

金の内部留保」が、現預金に関する目標値となります。両方の合計よりも現預金の増加額が多いことを確認してください。

③ 予測キャッシュ・フロー計算書

A社の事例を見ると、当期利益の額ほど現預金が増えていないことがわかります。つまり、他に現預金を減少させる要因があるはずです。借入金の返済はすぐに思いつく原因の1つですが、他にどういった要因があるのでしょうか。設備投資と社員旅行の資金をしっかり留保しなければ、せっかくのビジョンが達成できません。

決算書について説明したとき、キャッシュ・フロー計算書に触れました。そして、簡易キャッシュ・フロー計算書の作り方についても説明しました。それでは、A社のキャッシュ・フロー計算書はどうなっているのでしょうか。次のページに掲載しましたので、ご覧ください。

説明は、簡易キャッシュ・フロー計算書の求め方の順で行っています。

●現預金増減：（ヤ）＝（タ）－その前の期の（タ）

現預金の増減は、前述の貸借対照表の（タ）現預金の前期との差を求めます。

●財務活動によるキャッシュ・フロー（財務CF）

毎年5,000千円の返済を行っていますので、－5,000千円で一定です。

●投資活動によるキャッシュ・フロー（投資CF）

設備投資は最後の年だけですから、第1期～第4期は0円。第5期のみ－12,000千円となります。

●営業活動によるキャッシュ・フロー（営業CF）

前記より逆算して求めます。営業活動によるキャッシュ・フロー（営業CF）の欄には、その増減に影響を与える項目を明細として記入しました。このあたりのことは、キャッシュ・フローについての詳しい理解が必要になりますので、関連書籍をご覧ください。

・当期利益：営業CFにプラスの影響
・減価償却費：営業CFにプラスの影響

●第6章● ポイント6　経営計画

A社の予測キャッシュ・フロー計算書　（単位：千円、端数は四捨五入）

		第1期	第2期	第3期	第4期	第5期
フ	営業CF	11,499	13,380	15,500	17,872	20,507
ヘ	当期利益	11,160	13,271	15,621	18,222	21,088
ホ	減価償却費	4,000	4,000	4,000	4,000	4,000
マ	売上債権増減	-3,183	-3,383	-3,583	-3,783	-3,983
ミ	棚卸資産増減	-2,388	-2,538	-2,688	-2,838	-2,988
ム	仕入債務増減	1,910	2,030	2,150	2,270	2,390
メ	投資CF	0	0	0	0	-12,000
モ	財務CF	-5,000	-5,000	-5,000	-5,000	-5,000
ヤ	現預金増減	6,499	8,380	10,500	12,872	3,507
ユ	期首現預金残高	3,646	10,145	18,526	29,026	41,898
ヨ	期末現預金残高	10,145	18,526	29,026	41,898	45,404

・売上債権の増加：営業CFにマイナスの影響
・棚卸資産の増加：営業CFにマイナスの影響
・仕入債務の増加：営業CFにプラスの影響

6. 生産性と付加価値潜在力

　A社はビジョンの中に、「複合加工機による高付加価値加工の実現」を掲げています。それを数値で裏付けるために、労働生産性について確認する必要があります。あわせて、付加価値潜在力についても触れておきます。

●付加価値額

　付加価値額は、営業利益、減価償却費、人件費の和です。営業利益は（コ）、減価償却費は毎年4,000千円を計上する見込みです。人件費は109ページの表「A社の人員計画（給与について）」の最下行を参照してください。

●労働生産性（1人あたりの付加価値額）

　付加価値額を技術者数で割った値を掲載しています。新規採用を行う第2期と第4期は低下していますが、第5期と直近期を比較すると増加傾向

A社の労働生産性と付加価値潜在力の推移　（金額の単位：千円、端数は四捨五入）

		直近期	第1期	第2期	第3期	第4期	第5期
A	付加価値額	38,975	42,268	48,659	52,766	59,932	59,000
B	技術者数	5	5	6	6	7	6
C	労働生産性	7,795	8,454	8,110	8,794	8,562	9,833
D	佐藤　年齢	61	62	63	64	65	
E	鈴木　年齢	56	57	58	59	60	61
F	高橋　年齢	46	47	48	49	50	51
G	田中　年齢	23	24	25	26	27	28
H	渡辺　年齢	21	22	23	24	25	26
I	A年齢			18	19	20	21
J	B年齢					18	19
K	平均年齢	41	42	39	40	38	34
L	付加価値潜在力	919,810	955,257	1,257,024	1,310,356	1,626,726	1,809,333

にあることがわかります。

●付加価値潜在力

　A社は65歳定年制度を採用していますので、平均年齢が求まると付加価値潜在力が算出できます。毎年増加しており、ビジョンにある「複合加工機による高付加価値加工の実現」が数値的にも確認できます。

7．章の終わりに

　この章では、経営計画について説明しました。経営計画書の内容や決算書の活用方法など多岐にわたりましたので、多くのページを割いて説明しました。

　「ビジョンを掲げていない」、「魅力的なビジョンがない」、「頭の中の計算で何とかなると思っている」等々、経営計画を作らない理由はあるでしょうが、夢のある経営計画を一番見たいと思っているのは、従業員です。皆さんは、すべての従業員が目をキラキラさせながら額に汗をかき、仕事に誇りとやりがいを持って打ち込んでいる企業を作りたくありませんか。そのために

必要なのが、経営計画なのです。それでも作らない理由をあげてしまう方は、経営者として失格でしょう。

　このあとの章は、「人」に関するものが中心になります。次の章で説明する「経営者」についてまず熟読してください。

●第7章●
ポイント7　経営者
～経営者が果たすべき本当の役割～

「忙しい、忙しい」と

経営者の仕事を

放棄している人のために

この章では、経営者について説明します。経営者の考え方、判断、行動などは、企業の経営に大きな影響を与えます。それでは、経営者としてあるべき姿とは、どのようなものなのでしょうか。

　企業が千差万別であるように、経営者もさまざまです。とはいえ、それが経営者としてあるべき姿なのか考えた場合、疑問を抱かざるを得ない人をたくさん見てきました。そういう人たちは、2つのグループに分けられます。1つは経営者としての権限と責任を誤解している人、もう1つは経営者としての資質に欠けている人です。

　この章では、企業とは何かを考えたうえで、経営者の「権限と責任」、「資質」を解説します。

1．企業とは何か

（1）企業の役割

　経営者を考える前に、企業について考えてみましょう。企業とは、何なのでしょうか。

　1つの答えは、「関わるすべての人のニーズに応える存在」といえるでしょう。関わるすべての人とは、顧客、従業員、地域の人々、そして忘れてはならないのが経営者自身です。これらの人々のニーズに応えることが企業の役割であると私は考えます。

　業種を問わず、企業は社会生活をより豊かにすることに何らかの関わりを持っているはずです。それが社会のニーズであり、具体化したものが顧客なのです。その社会のニーズに仕事を通して応えることが、従業員にとってのやりがいや誇りとなります。それが、従業員のニーズです。従業員は家庭を守る糧を得たうえで、仕事に対してやりがいや誇りを求めます。そして、いきいき働く人によって、安全安心で幸せに暮らす家族を地域に増やしていくことが地域のニーズなのです。「安全安心」については、より良いまちにするために、企業側からも考えを発信して行動する必要があります。

（2）企業の維持と発展

　しかし、多くの企業は今、関わるすべての人のニーズに100％応えているとはいいにくいでしょう。だから、より良い製品やサービスを提供するための絶え間ない努力が必要になります。その努力が、企業の存在をより確かなものとします。そして、発展につながっていくのです。

　経営者の中には、「発展というけれど、私は会社を大きくしようとは思っていない。今のお客さんに喜んでもらえればいい」という考え方をする方が少なくありません。量的な発展ではなく、質的な発展を追求していこうという考えです。これは素晴らしい考えですが、質を追求していくと、結果的に量的な発展を伴ってきます。なぜなら、多くの人が、より良い製品、より良いサービスを求めているからです。

　追求の結果生まれた製品やサービスは、今の顧客に加えて新しい顧客を呼びこむことになります。顧客が増えれば、それまでの体制では製品やサービスが行き届かなくなります。数は満たせても、品質が落ちるかもしれません。増えた顧客にこれまでと同じ高いレベルの製品、サービスを提供するためには、従業員や設備の拡充が必要になってきます。そして、売上も増加します。これは、量的な発展そのものです。質的な発展の追求が、量的な発展につながっていくのです。

　「より良い製品、サービスの提供」という質的な発展への取組みは顧客のニーズに応えようとするものですが、あわせて、従業員や地域に対する質的な発展の取組みも忘れてはなりません。従業員のニーズとは、何でしょうか。「守るべきものを守り、自らも幸せになる」ことです。守るべき対象は、第一に家族ですが、実はもう1つ大きなものがあります。それは、自分が働く会社、職場です。従業員は会社に守られ、生活の糧を得ます。そして、自らの能力を発揮して会社の力となり、それが会社を守ることにつながります。会社と従業員は、守り、守られる関係なのです。

　この関係は、地域でも同じです。企業は、地域の一員です。これは、私たちが家族の一員であることと似ています。私たちは家族を守り、そして家族

に守られます。企業は地域を守り、地域に守られます。「地域を守る」とは、より良い製品・サービスを提供することと、地域の安全安心で豊かな暮らしの実現のために力を発揮することです。「地域に守られる」とは、企業活動の中で地域資源の一部を使わせてもらっていることを指します。土地や建物、人材など地域に属する資源を、自社のために使っています。また、地域の人たちが顧客となって私たちの事業に利益をもたらすことも、地域に守られていることの1つです。

(3) 企業は公器である

先ほど、地域の資源を自社の経営のために使っていると説明しましたが、そのことを表す言葉に、「企業は公器である」というものがあります。

企業の経営資源がヒト・モノ・カネ・情報であることは、第3章で説明しましたが、地域の資源もまた、ヒト・モノ・カネ・情報なのです。ヒトは地域の住民、モノはインフラ、カネは概念が少し難しいですが自治体の予算のことではなく、地域の住民が所持している資産すべてと考えたほうがいいでしょう。情報は地域の住民が有している知識・情報のすべてを意味します。これら地域資源の一部をすくい取ったものが企業なのです。

すくい取ったといっても、社会から離脱したわけではありません。また、すくい取ったからといって、自分のものになるわけではありません。自分のものではなく、社会の一部なので

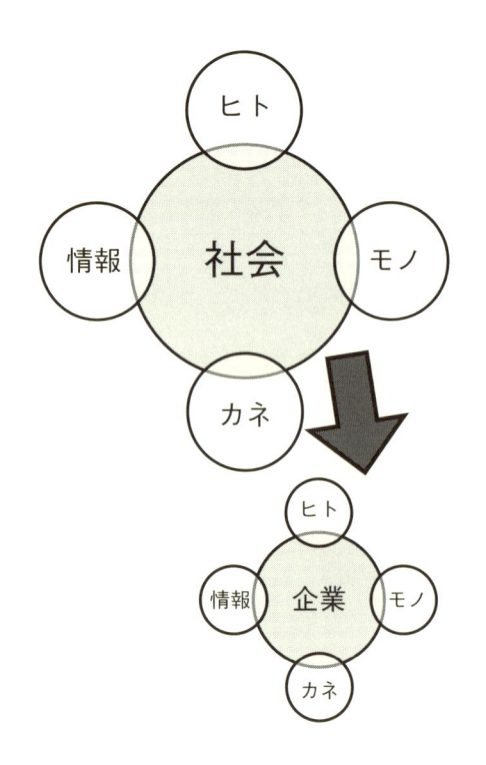

す。これが、「企業は公器である」といわれる所以です。

(4) 経営者の役割

　企業は、地域資源からすくい取った経営資源を生かし、経営理念に則って企業活動を行います。ここで、経営者は従業員をどのように巻き込んでいけばいいでしょうか。そのポイントは、3つあります。

① 経営理念の浸透

　まず1つ目は、経営理念の浸透です。朝礼で経営理念を唱和している企業も多いですが、唱和するだけで浸透できるかといえば、疑問が残ります。浸透している状態とは、すべての従業員が経営理念を自らの言葉で説明できる状態です。暗唱も効果はありますが、それだけで自分の言葉で説明できる状態にはなりません。浸透させるためには、まず経営者自身がよく経営理念について語ることが必要です。異なる言葉を使った説明や事例を用いた話でもいいでしょう。多様な語り方が、相手の理解につながるのです。

　そして、経営者だけでなく、すべての従業員に経営理念について語る機会を提供しましょう。朝礼や会議などの場でも構いませんし、休憩時間でも構いません。「経営理念に書いてある『顧客を大切に』ってどういうことなんだろう」などと、質問し合うことも有効です。経営理念に触れる機会を増やし、語り部を増やし、実践者を増やす。時間がかかる作業ですが、浸透させなければ、全社的な実践はできません。

② ビジョンの共有

　経営理念を追求するにあたって、その途中途中の目標となるものがビジョンです。企業が顧客、従業員、地域のニーズを満たす存在である以上、ビジョンは顧客、従業員、地域の人々にとって魅力的な内容になっているはずです。まずは、この魅力的なビジョンを描くことが大切です。そして、描いたビジョンを達成するためには、全員で共有することも大切です。共有といっても、押し付けてはいけません。押し付けなければ共有できないビジョンは、魅力がないのです。

③ 協力の風土育成

　魅力的なビジョンは、従業員の達成意欲を生みます。皆がビジョン達成を心に誓い、どうしたら実現できるか意見を交わし、試行錯誤を繰り返しながら行動し前に進んでいく。そうした企業にするためには、ビジョンに加えもう１つ気をつけるべきことがあります。それは、全社員の居場所を設けることです。

　居場所とは、単なる作業場所のことではありません。従業員一人ひとりが能力を発揮し、感謝され、仕事にやりがいや誇りを抱くことができる場所です。ビジョン達成に向けて全員が主役になれるステージを演出することも、経営者の大切な役割の１つなのです。

2. 経営者の権限と責任

(1) 権限

　権限とは、事を成すために個人に与えられた権利・権能のことです。経営者には、大きな権限が与えられています。多くのことを、自らの意思で決定することができます。ただし、この権限は「事を成す」ために与えられたものですから、何をするにしても「事を成すため」という条件がつきます。では、経営者にとって「事を成す」とはどういうことなのでしょうか。次の責任のところで説明します。

(2) 責任

　責任とは、自分が引き受けて果たすべき任務や義務のことです。経営者の場合には、ヒト・モノ・カネ・情報など地域から預かった資源を活用して、顧客、従業員、地域のニーズを満たすべく経営活動を行うことです。

　ただし、経営者が自己犠牲になってはいけません。自らのニーズも満たしてこそ、最高の経営者だと考えます。その任務のために与えられた権限を大いに振るってください。

(3) 権限と責任チェックシート

　これまで、経営者の権限と責任について説明してきました。経営者として

●第7章● ポイント7 経営者

経営者の権限と責任についてのチェックシート

No	質　　問	回答
1	経営理念が定められている	Yes / No
2	定められた経営理念が全社に浸透している	Yes / No
3	自社の存在意義について従業員が自らの言葉で語ることができる	Yes / No
4	顧客のニーズを把握し、応えるべく考え行動している	Yes / No
5	従業員のニーズを把握し、応えるべく考え行動している	Yes / No
6	地域のニーズを把握し、応えるべく考え行動している	Yes / No
7	顧客、従業員、地域すべてにとって魅力的なビジョンを作成している	Yes / No
8	魅力的なビジョンを全社で共有できている	Yes / No
9	すべての従業員が、自分の活躍できる場を社内に見出している	Yes / No
10	経営者自身が経営を通して生き生きと自らの幸せを追求している	Yes / No

　自らの権限と責任を果たしているかどうか、上に質問形式のチェックシートを用意しましたので活用してください。

　このチェックシートに含まれる10の質問は、一つひとつが実践するまでに多くの時間を要する難しい内容になっています。すべての答えが「Yes」であることが望ましいのですが、「No」の項目があっても大丈夫です。自分がまだ経営者として伸びる可能性を秘めていることを意味します。「No」を「Yes」に変える努力こそが、経営者の仕事ともいえるでしょう。

3. 経営者の資質

（1）リーダーシップとワンマン経営者

　皆さんは「ワンマン経営者」という言葉から何を思い浮かべますか。

　「人の意見に耳を傾けることなく、すべてのことを自分で決定し強引に経営を進めていく経営者」──多少違いはあっても、ほとんどの方がこのような意味で理解していると思います。「耳を貸さない」、「全部自分で決めてしまう」など、ワンマン経営者は良い印象を持たれていません。

　しかし、経営に対して強いこだわりを持ち、力強く推し進めていく姿は、良い一面とも思えます。いささか強引ではあっても、ワンマン経営者が頼も

しく思えるときもあります。逆に、人の意見を聞いてばかりで自分の考えを持たず、重要な局面でも自分で決定することができない頼りない経営者も存在します。何でも自分一人で決めてしまう経営者と何も決められない経営者、皆さんはどちらが優れていると考えますか。

　ワンマン経営者の「耳を貸さない」、「全部自分で決めてしまう」という問題点の背景には、「相手を人として尊重しないこと」があります。経営理念の追求、ビジョンの達成は全社で実践するものであり、経営者一人では何もできません。経営者と従業員が一体となり進んでいく必要があります。一体になるためには、お互いを尊重することが必要なのです。

　次に、リーダーシップについて考えてみます。リーダーとは、「lead + er（導く人）」です。導く先は、ビジョンや目標です。つまり、ビジョンや目標を定め、続く人たちをそこへ導くことができる人をリーダーと呼ぶのです。1人の落伍者も出さず、皆を導くために必要なことは、次の3つです。

① 進むべき道を整える

　目標を定めても、道なき道を進んでは迷ってしまいます。皆が進みやすいように道を整えるのです。

② 意識を高める

　目標が遠くにあれば、到達するまでに時間がかかります。長い時間進み続けるためには、強制ではなく自主性を重んじることが大切です。皆の目標到達への意識を高めるのです。

③ 自らが先頭に立つ

　「先頭に立つ」とは、模範となることです。率先垂範して自らがやって見せることで、皆も前に進むことができるのです。

　ビジョンを示し、道を整え、皆の意識を高めて、自ら率先垂範して導いていくのがリーダーの役割であり、その精神がリーダーシップです。従業員を信頼し、優れたリーダーシップを発揮して、全員を魅力溢れるビジョンへ導いてください。

（2）素直で正直であること

　前節では、従業員を人として尊重し信頼関係を築くことの大切さについて説明しました。では、信頼関係を築くにはどうしたらいいでしょうか。そのためには、「素直であること」と「正直であること」の2つが求められます。

①　素直であること

　素直とは、考えや動作がまっすぐなことをいいます。ひがみがなく、無駄に逆らわず、心が純真な状態です。人は自分を守りたいと思ったとき、素直さが失われます。傷つきたくない、損をしたくない、相手に弱みを見せたくない、自分を良く見せたい…そのような思いが、自分を素直さから遠ざけるのです。

　「自分を守る」ことは、「相手を拒む」こととつながっています。素直になるためには、相手を受け入れることが必要です。自分を守るばかりでは、多くの人と信頼関係を築くことはできません。

②　正直であること

　「信頼できる人ってどういう人ですか」と聞かれると返答に困ってしまいますが、逆に、「信頼できない人ってどういう人ですか」と聞かれると「嘘をつく人」と答えられます。正直とは、嘘や偽りがないことです。皆さんは、従業員に嘘をついていませんか。

　「今年中に社員旅行に行こう」と声を上げて、達成できなかった経営者をたくさん見てきました。従業員はその約束を覚えています。「今年は無理だった。説明しなくてもわかってくれるだろう…」とは、相手の気持ちを無視した自分に都合の良い解釈です。悪意のある嘘だけでなく、よかれと思ってした約束を結果的に果たせなかったことも嘘になります。まずは、約束を守ること。守れなかったら信頼を失います。失った信頼を取り戻すには、相当の努力が必要です。

（3）努力と継続

　次は、努力することと継続することの大切さについてです。経営者は、経営理念を追求し、魅力あるビジョンを描き、リーダーシップのもと皆を導い

ていく役割を担っており、この大役を果たすためには、絶え間ない努力が必要です。偉業を成し遂げた人すべてにいえることですが、偉業はある瞬間、突然できたわけではありません。その偉業のもととなった最初の一歩が必ず存在します。「ローマは一日にして成らず」、「点滴石を穿つ」です。最初の一歩を踏み出すことも難しいですが、努力し継続することはさらに難しいことです。「何のためにやっているのかがわからなくなった」と努力することを止めてしまう人がいます。本当に目的がなくなったのであれば、継続する意味がありませんから、止めることも仕方がありません。

しかし、目的を見失っただけのときや、長い時間が経過して達成意欲が低下したという場合もあります。目的を見失わない方法は簡単です。最初に目的を定めたときに書き出して、いつでも見える場所に貼り出しておけばいいのです。達成意欲の低下を防ぐためには、達成したときの姿を思い浮かべる方法が有効でしょう。

「切に願うことは必ず遂ぐる也」という道元禅師の言葉があります。「切に

コラム　私が目標達成のためにやったこと

　私は自分を律することが苦手なために、目標を定めては達成できず、あきらめてしまうことが何度もありました。そんな自分を変えたくて試みたことがあります。

　1つは、目標と継続すべき行動について、たくさんの人に語ることです。やると言ってやらなかったら嘘つきになってしまうので、自分を奮い立たせることができます。また、実際に多くの人に語ることで、その大半の人が自分の取組みについて応援してくれるようになりました。

　もう1つは、コーチングを活用したことです。昨年、多くの目標を掲げた私は、初めてコーチングを活用することにしました。コーチは私の話に耳を傾けながら、いろいろなアドバイスをしてくれました。特にモチベーションが低下した際に、成功した姿を思い描かせてくれたことはとても大きな力になりました。

　コーチとは、がんばれる環境づくりをしてくれる人です。皆さんも、一度相談してみてはいかがですか。

願う」とは、強く願い続けることです。何も行動できなかったとしても、「願い続ける」ことは継続しましょう。そして、達成のためには、少しずつでも毎日進むことが重要です。大きく進めない日があって当然です。小さな一歩でも、まわりの景色は必ず変化します。その変化が、新たな気づきにつながるかもしれません。動かず景色も変わらなければ、新しいアイデアも生まれにくいでしょう。

　経営理念追求のため、ビジョン達成のため、願い続けることと、小さくとも一歩踏み出す努力を継続することが重要です。

(4) ピンチをチャンスに

　皆さんは壁にぶつかったとき、どのように対処しますか。前向きに取り組みたいものですが、そのときの感情は性格にも強く影響されるでしょう。

　私は大学で講義をしているとき、学生に1枚の写真を見せることがあります。その写真には、東南アジアの発展途上国の建設現場が写っています。日本の建設現場とは大きく異なっていることは、建設関係の人でなくても容易に気づきます。この写真を見せながら、学生たちに「この国の建設関係の人たちに、建設資材や工法について技術指導する事業は考えられないでしょうか」と質問します。

　反応は、大きく分けて2つあります。「楽しそう」と「難しそう」です。「楽しい」と「難しい」は、反対語ではありません。しかし、なぜ反応がこの2つに分かれるのでしょうか。

　「楽しそう」と答えた人も、決して「簡単そう」とは思っていません。同じように、「難しそう」と考えています。「難しそうだけど何だか楽しそう」と感じているのです。自分の感情が優先しています。「やってみたい」という動機はこうした感情から生まれてきます。

　その一方で、「難しそう」と答えた人は、「言葉が通じない」、「文化が違う」、「日本製の建設資材は高すぎる」、「治安が悪そう」など、たくさんの理由を出します。こちらの方が、その理由は具体的なのです。しかし、先に「できない」と結論づけているので、話が進みません。

楽しそう（やりたい）と答えた人はその理由を感情優先で説明し、難しそう（できない）と答えた人はその理由を理屈で説明します。まだ壁にぶつかる前から、できないと決めつけているのです。これらは個人個人の基本的な考え方や性格から導き出された意見だと思いますが、皆さんならこうした状況の場合、ワクワクしますか、それとも一歩引いてしまいますか。

　人間は、前向きな気持ちになると力を発揮します。普段から「はい」と答える肯定的な人と、「いいえ」を連発する否定的な人では、出せる力に大きな差があるように思います。そこで、「ピンチはチャンス」と前向きに考えられるようになるために、1つ提案があります。

　「強靱」という言葉があります。この言葉には単なる強さだけでなく、しなやかさという意味も含まれています。しなやかで強いこと、すなわち強靱な精神を持つことが、何事にも前向きに取り組んでいくためには必要だと思います。それでは、どうしたら「強靱な精神」を持てるのでしょうか。

　例え話をします。コンクリートは、とても固く強い材質です。しかし、一定以上の力がかかると折れてしまいます。そのため、建築などで利用するときは、曲げの力にも対応できる鉄筋と一緒に使います。鉄は曲げの力にも強く、変形はしますが折れることはまずありません。また、道端に生えている雑草はどうでしょうか。風が吹くとしなり、風が止むともとに戻ります。どちらの方向から風が吹いても、折れることがありません。この鉄や雑草のしなやかさを、精神に置き換えるのです。

　大切なことは、どのような方向から力を受けても対応できるということです。これは、精神に多様性が備わっていないとできません。1つの考え方に凝り固まってくると、違った方向からの力に対応できず、拒否したり気持ちが折れたりします。人によって考え方は異なることは当たり前で、その違いを認めることが精神に多様性を備えることになります。多くの人の話や意見に耳を傾け、多様な価値観に触れることが、強靱な精神を育みます。また、書物を通しても多くの価値観に触れることができます。分野や著者を特定せず、さまざまな本を読むことで、著者の経験や考え方を知識として取り込む

ことができます。

　このようにして強靭な精神を得ることで、「ピンチはチャンス」と、前向きな思考回路に切り替えることができるのです。

(5) 人間性を磨く

　私自身が人間性を磨くことの大切さを感じたのは、今からおよそ5年前です。経営コンサルタントとして独立して4年ほど経過し、事業も何とか形になってきた頃でした。少しばかりの達成感を感じつつ、「この先どうなるのだろうか」と考え込んでしまったのです。今にしてみれば、最初のハードルを越えたにすぎない段階だったのですが、視野が狭かった私は、小さな自分の世界で達成感と無気力感に悩まされていたのです。

　そのとき偶然出会ったのが、ある異業種交流会でした。その会では、中小企業の経営者が、自らをより良い経営者に高め、自社をもっと良い会社にし、そして地域と一緒になって歩んでいこうと、一生懸命に勉強していました。私は悩みながらそこに参加したのですが、多くの先輩会員の方々が私の話に耳を傾け、いろいろな助言をくれたのです。その中で、私は経営コンサルタントとして追求していく目的を見い出すことができました。また、ある会員さんは雑誌の年間購読をプレゼントしてくれました。その雑誌には、今後生きていくうえで大切にしたいと感じることがたくさん記されていたのです。

　こうした人や雑誌との出会いから、私は自分の人生を見つめ、そして人間性を磨くことの大切さを感じるようになりました。

(6) 経営者の資質チェックシート

　それでは、「権限と責任」と同様、経営者の資質についてチェックしていきましょう。次ページに質問形式のチェックシートを準備しました。

　資質は持って生まれた性質や才能のことを意味しますが、こうあるべきだという心構えとして捉えてください。このチェックシートに含まれる10の質問は、一つひとつが経営者として望ましい姿であるかどうかを確認する内容になっています。

経営者の資質についてのチェックシート

No	質問	回答
1	やり方はどうであれ経営意欲は強い	Yes / No
2	リーダーシップの大切さを認識し体現している	Yes / No
3	自ら率先垂範して行動している	Yes / No
4	素直である	Yes / No
5	正直である	Yes / No
6	継続的な努力を怠らない	Yes / No
7	ポジティブ（前向き）な性格である	Yes / No
8	人が喜んだり幸せになると自分もうれしい	Yes / No
9	自分も含めて皆で幸せになりたいと感じている	Yes / No
10	断固として会社を守る気概がある	Yes / No

4. 章の終わりに

　この章では、経営者のあるべき姿を説明しました。最後に、ある人が私に言った言葉を紹介します。
　「誰しもが、最高の生き方を追求する権利を持っている」
　最高の生き方とは、何でしょうか。ある瞬間の出来事で、突然人生が最高になるわけではありません。最高かどうかは、人生が終わるときに自らが判断するものです。生まれてから死ぬまでの人生を通して、最高かどうかが結論づけられます。
　企業が顧客、従業員、地域の人々の幸福追求に寄与することの大切さはすでに説明しました。半面、経営者は自らの幸福を追求することも忘れてはいけません。経営者にとって、企業経営は人生の大部分にかかわる大きな仕事です。皆さんには、与えられた責任に常にプレッシャーを感じつつ、経営者としてのあるべき姿を追求し、最高に幸福な人生を歩んでいただきたいと思います。

●第8章●
ポイント8　組織
～未来を勝ち取る最強のチーム形成～

「小さい会社だから」と

組織のことを間違って

認識している人のために

この章では、組織について説明します。人や組織について悩んでいる経営者は多いでしょう。経営資源の中でも、ヒトは無限の可能性を秘めています。しかし、それぞれが個人として意思を持つため、組織になると思うように力が発揮できないケースが出てきます。組織力を高めていくには、どうしたらいいでしょうか。それでは、早速説明していきましょう。

1. 組織力

(1) 強い組織

皆さんは、「強い組織」と聞いて何を思い浮かべるでしょうか。テレビなどで隣国の統制のとれた行進をよく目にしますが、あの行進をする人たちは、強い組織なのでしょうか。「統制」とは、集団を目標や意図のために取り締まることです。統制のとれた組織は目標に向かって一定の成果をあげるはずですが、そのために犠牲にしているものがあります。それは、個人の尊厳です。個人の尊厳を犠牲にして、一人ひとりをコマとして活用し成果を得る組織が、統制のとれた組織です。

第7章で経営者の権限と責任について説明しましたが、経営者にとって従業員の幸せの追求に寄与することは重要な役割の1つです。そのため、一人ひとりを個人として尊重し、組織の中で役割を与え、活躍する場を提供し、自己実現の機会を増やしていく必要があります。そのような組織は、生き生きとしていて活気に満ちています。

強い組織かどうかを判断するための要素が2つあります。1つは成果を生む力があるかどうか、もう1つは個人が尊重され皆が生き生きとしているかどうかです。

統制のとれた組織は一定の成果をあげますが、強い組織はヒトの無限の可能性を引き出し、予想を超える成果をあげる可能性があります。

(2) 組織力を表す要素

組織に求められることは成果と個人の尊重の2つですが、それではその力を高めるためには何に力を入れたらいいのでしょうか。

組織力は、「底力×遂行力×対応力」で表されます。これから詳しく説明していきますが、底力とはチームワークを発揮するための基本的な力、遂行力は成果を生む力、対応力は社内外の変化に対して現在の形に固執することなく柔軟に対応する力です。

(3) 底力

まずは、「底力」について説明します。「チームワーク」という言葉があります。本来は組織が行う共同の動作・作業のことを表しますが、「チームの力」の意味で使われることもあります。では、チームとは何でしょうか。グループとは異なるのでしょうか。もう1つ、友だちと仲間はどう違うのでしょうか。これらの問いかけが、底力を理解することにつながっていきます。

① チームとグループの違い

小学校で行われる運動会では、紅組と白組に分かれて点数を競います。この紅組・白組は、チームとグループのどちらなのでしょうか。また、運動会ではなく集団で登下校する際に分けられる地域ごとの集まりは、チームとグループのどちらでしょうか。私は運動会の組はチームであり、集団登下校の集まりはグループだと考えています。その違いは、何でしょうか。

運動会の組には、相手の組に勝つという共通の目標があります。その目標に対して、お互いに協力していく必要があります。目標に向かって個人が力を合わせる集団がチームなのです。一方で、集団下校の集まりはどうでしょうか。これは、住んでいる地域という属性によって分けられただけです。一人ひとりが家に無事に帰ることが目的であり、運動会で勝つことのように皆で力を合わせて達成する目標はなく、たまたま個々の方向が一致しているだけなのです。集団下校は、そのための手段でしかありません。

② 友だちと仲間の違い

友だちとは、互いに心を許し合い、言葉を交わしたり一緒に遊んだりする親しい人のことです。それに対して仲間は、一緒に物事を行う人です。友だちと違って、仲の良し悪しは問われません。また、別の角度から説明すると、友だちはいつも味方であり、仲間は同じ目的や目標があるときだけ一緒で、

それがなくなれば別々になることもあります。会社の同僚は仲間ですが、仲が良いとは限りません。

同窓会などで、学生時代同じクラブ活動でがんばった旧友に会うと、「一緒に汗を流した仲間」、「同じ釜の飯を食った仲間」と表現しますが、仲間であったのは過去のことで、共通の目標がなくなった今は、仲間というより友だち、あるいはより深い関係である親友というべきでしょう。

③ 底力に求められるもの

チームとグループ、友だちと仲間の違いは理解できたでしょうか。われわれが目指す組織はチームであり、その構成員は仲間です。そして底力とは、「共通の目標があり、皆が同じ方向を向き、協力して物事を行う力」と表すことができます。

底力を高めるためには、「共通の目標」が必要です。この目標とは何でしょうか。1つは、企業が掲げたビジョン、またはそこから戦略マップにより細分化されたCSF（重要成功要因）でしょう。「同じ方向を向く」とは、皆がその目標に向かっている状態です。そして、「協力して物事を行う」ためには、経営者や管理者がリーダーシップを発揮しなければなりません。

共通体験の積み重ねは、底力を高めることにも有効です。積み重ねには時間がかかり、資金力で即座に対応できるものではありません。こうした積み重ねは、資金力に乏しい中小企業が率先して行うべきものです。

(4) 遂行力

次は、遂行力です。遂行力は、成果を生む力そのものです。チームで協力しながら、個々が与えられた仕事、目の前の業務に力を発揮し、共通の目標を達成し成果をあげるために必要な力です。

この遂行力は、さらに学習力と実行力の2つに分かれます。学習力とは、皆が学び実力を高めていく風土のことで、実行力とは成果を生む力そのものです。それぞれ重要な力なので、個別に説明していきます。

① 学習力

学習力とは、個々の力とチームの力を高めていく過程で必要な力のことで

す。企業の風土が大きな関わりを持っています。風土は「風通し」という言葉で置き換えられることがあります。「風通し」の良し悪しは、組織内の横や縦のつながりの中で、コミュニケーションがうまくとられているかどうかで判断されます。では、コミュニケーションはどのようにとればいいのでしょうか。

ここで、コミュニケーションを円滑に進めるために必要な要素を6つ紹介します。

【要素1】共有

1つ目の要素は、共有です。目標を共有することの大切さは「底力」のところで説明しましたが、ここで共有するものは目標だけにとどまりません。目標を達成するために必要な方法や起こった出来事、発生した問題などの情報です。ホウレンソウ（報告・連絡・相談）でいえば、「連絡」のことです。共有すべき情報が、必要な人たちに行き届いていることが必要です。そのため、「共有したい情報」、「共有すべき人たち」、「共有しなければならない理由」を明確に定めるとともに、共有すべき人たちに情報がきちんと伝わったかどうかを確認する必要があります。

社内の回覧板を思い浮かべてください。回覧すべき情報をクリップボードにはさみ、回覧すべき人のサイン欄を設けた用紙をつけて回覧します。これで「共有したい情報」と「共有すべき人たち」は明確になりますし、全員が押印して戻ってくれば、その人たちに伝わったことを確認できます。

しかし、回覧された情報が有効に使われることはあまりありません。重要ではない情報も頻繁に回覧されるからです。それが本当に「共有したい情報」なのかどうか、再確認する必要があります。また「共有しなければならない理由」が説明されていないことがほとんどです。ろくに確認もされず、サインだけされて戻ってくる現状を改善するためには、その情報を共有したい理由を説明する必要があります。また、回覧のサイン欄を改善することも有効です。回覧効果を高めたサイン欄を次ページに紹介します。

改善点は2つです。回覧理由を明確にするために記入欄を設けたことと、

回覧先に対して単なるサインではなく、「熟読」を促す仕掛けを講じたことです。結果的に皆が「熟読」にチェックを入れるのですが、それにより後で「よく読んでいませんでした」という言い訳をできなくする仕掛けなのです。

【要素2】質問

2つ目の要素は、質問です。質問とは、自分が知らないことを露呈させる行為ですから、質問者はそのことによって自分自身が否定される不安を抱えています。そのため、「自分は絶対に否定されない」と思える風土が必要になってきます。これは前にも触れた「個人の尊重」にもつながります。知らないことを露呈させる行動を取った勇気を称えることはあっても、否定するなど言語道断です。質問者を否定すると、組織力を低下させ、企業に害を及ぼし、さらには皆が求めるビジョンの達成を遠ざけてしまいます。いつでも質問を受けつける風土を醸成しなければなりません。

そのために有効なのは、上司から部下に向けて、積極的に質問することです。「部下に尋ねることなど、何もない」という人もいると思いますが、業務のことでなくても構いません。「明日の天気、どうなるだろう」でも構わないのです。質問がいろいろなところで行き交う風土をつくるために必要な仕掛けだと考えてください。明日の天気は、天気予報を調べればわかります。このように誰に聞いても同じ答えが返ってくる質問を、客観的質問、または事実を尋ねる質問といいます。質問の風土ができていない組織では、こうした答えやすい質問から始めるといいでしょう。少しレベルが上がってくると、主観的質問、すなわち意見を求める質問に入っていきます。あることに

改善前の一般的なサイン欄

佐藤	鈴木	高橋
田中	渡辺	

改善後の回覧効果を高めるサイン欄

佐藤	□熟読 □確認 □不要
鈴木	□熟読 □確認 □不要
高橋	□熟読 □確認 □不要
田中	□熟読 □確認 □不要
渡辺	□熟読 □確認 □不要

【回覧理由】
ライバルA社の新製品発表の記事。開発部は情報を集め対策を講じること
［記入者：安田］

ついて、「どう思うか」という質問です。これも、些細な事柄から練習するといいでしょう。例えば、「今日の昼には、何を食べたいか」といった具合です。上司の方から積極的にこうした質問を投げかけてください。

【要素３】意見

　３つ目の要素は、意見です。質問には、客観的質問と主観的質問があることを説明しましたが、このうち主観的質問に対する答えが意見です。意見では自分の考えを述べるわけですから、それが否定されると自分が否定されたような気持ちになります。例えば、「ＡプランとＢプランのどちらを採用すべきか」という質問に対して意見が求められた場合、採用されなかったプランを推した人の意見は否定されたことになります。しかし、否定されることを恐れると、意見が出てこない組織になってしまいます。

　ここで、重要なことが２つあります。１つは、「意見を聴くこと」です。コミュニケーションやコーチングの世界に、「傾聴」という言葉があります。相手を理解するために熱心に聴くという行為です。話し手側からすると、熱心に聴いてもらうことで、自分を受け止めてもらっていると感じるでしょう。話を途中で遮ることなく、最後まで注意深く熱心に聴きましょう。

　もう１つは、「感謝すること」です。先ほどのＡプランとＢプランの話で、仮にＡプランが採用されたとします。Ａプランを推した人とＢプランを推した人は、どちらが目標に貢献したのでしょうか。意見を述べたという行動は両者がしているのですから、結果はどうであれ、そのプロセスについての貢献度は同じです。だから、両者に対して感謝すべきなのです。

　Ａプランを推した人は、採用されたことで自尊心が満たされ、満足感が得られます。Ｂプランを推した人は、採用されなかったものの、意見を述べたことに感謝されれば、納得できます。Ｂプランが採用されなかった理由をもって、それを選んだ人たちを否定することなど、絶対にあってはなりません。

【要素４】支援

　４つ目の要素は、支援です。ホウレンソウの中の「相談」に関係が深いの

ですが、皆さんも仕事の中で、相談にこない部下を怒りたくなる場面があるでしょう。しかしその場合、相手を責めるよりも相談してもらえなかった自分を責めるべきです。

相談も質問と同じく、自分が問題を抱えていることを露呈させる行為であり、相談者にはそれにより自分が否定されるのではないかという不安があります。そのため、「自分は絶対に否定されない」と思える風土が必要になります。また、相談は相手に支援を求める行為ですから、相談される側には、いつでも支援する姿勢が大切になってきます。相談されなかった自分には、その姿勢が足りなかったのだと反省すべきです。

相談にあたる際にも、相談者に配慮が必要です。前述した傾聴のスキルも必要になります。腕を組まない、イスにふんぞり返らないといった物理的な姿勢も大切です。座る位置についても、正面だと訊問されているみたいですから、横に並んで座る、90度に座るなどの配慮も必要でしょう。

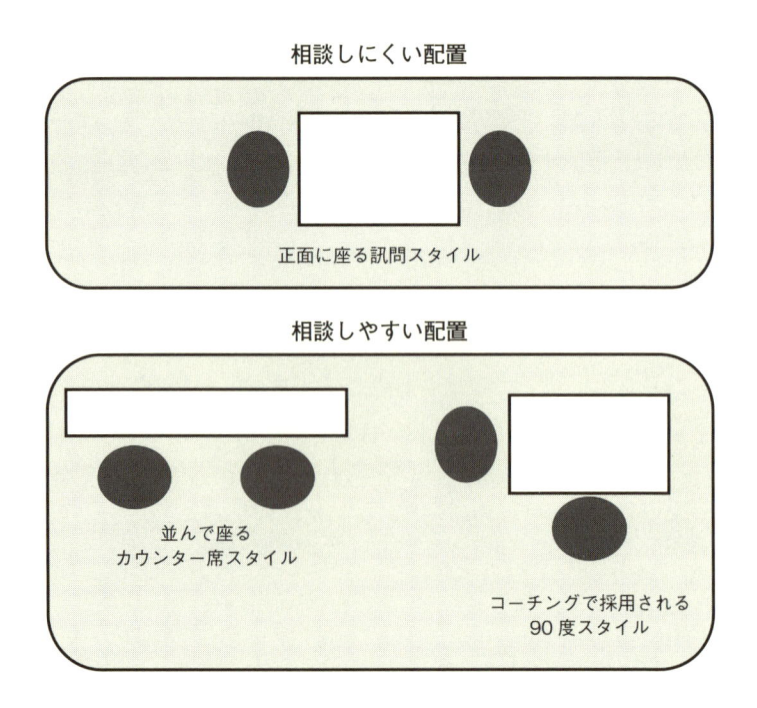

相談しにくい配置

正面に座る訊問スタイル

相談しやすい配置

並んで座る
カウンター席スタイル

コーチングで採用される
90度スタイル

【要素5】失敗

5つ目の要素は、失敗です。「失敗を恐れずにやれ」とはよくいわれますが、人は失敗の何を恐れているのでしょうか。それはやはり、自分を否定されることでしょう。

いつもと同じことを繰り返しているだけなら、失敗はほとんど起こりません。でも、それで企業が成長しているといえるのでしょうか。失敗があるから成長するのです。失敗は成長の種であり、その種を生んでくれた失敗者に対して感謝すべきです。失敗をした人を否定せず、失敗の原因を探ることが必要なのです。

失敗の多い従業員を責める前に、自分の指導力のなさを反省すべきです。感情に任せて怒ってはいけません。

「二度と同じ過ちを犯すんじゃないぞ」

「はい！ わかりました」

このやりとりに、意味はありません。どうしたら失敗せずにすむのかを一緒に考え行動する、すなわち指導することが一番大切なのです。繰り返される失敗も、指導力を高める成長の機会なのです。もちろん、失敗した人にとっても、失敗した原因を知り、やり方を変えることで成長できる学びの機会となります。

【要素6】試行

最後の要素は、試行です。失敗できる風土ができると、「失敗するかもしれないけど、試しにやってみるか」という気持ちになります。この「試行」は、考えただけでは得られなかった学びの機会を豊富に提供してくれます。「百聞は一見にしかず」といわれますが、「百見は一行にしかず」でもあります。

試しにやってみて失敗しても、自分が否定されない、成功に向けて皆が支援してくれる、失敗は成長の機会と感謝までしてくれる…このような組織が、学習能力に優れた組織なのです。

② 実行力

組織の遂行力を高めるために、学習力とともに重要になるのが実行力で

す。目標を達成するために必要な業務を行うための能力であり、技術力やサービス力などもここに含まれます。

実行力は、育成していく過程で「できない状態」、「できる状態」、「もっとできる状態」へと進化していきます。それぞれの段階で、組織のメンバーはどういった心理状態にあるのでしょうか。以下の図にまとめてみました。

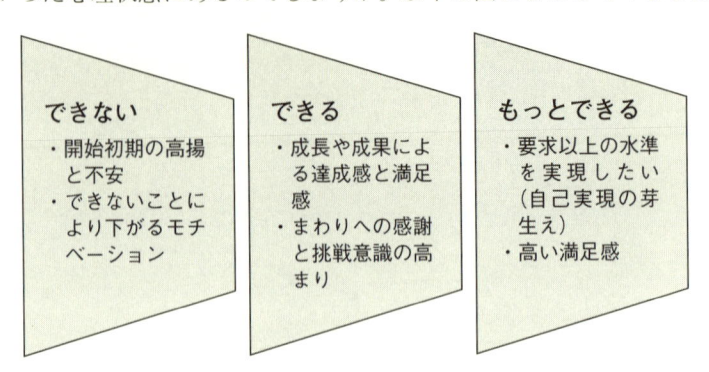

できない
・開始初期の高揚と不安
・できないことにより下がるモチベーション

できる
・成長や成果による達成感と満足感
・まわりへの感謝と挑戦意識の高まり

もっとできる
・要求以上の水準を実現したい（自己実現の芽生え）
・高い満足感

この3段階を進んでいくために必要なのが、学習力と成熟期間です。今はまだ実行力が低く「できない」段階にあったとしても、学習力が高ければ、すぐに「できる」段階に進み、さらに先へと進んでいくでしょう。逆に、学習力が低ければ、実行力が「できる」段階にあっても、なかなかその先には進めず、仕事はこなせるが、それ以上でも以下でもないという状態が長くなります。経営者は、その段階にある従業員に対して、もっと自主的に工夫しながら改善してほしいと感じるようになります。しかし、図で示したとおり、「できる」段階になるとある程度満足感が得られており、「感謝」と「挑戦意識」の高まりがなければ次へ進めません。

(5) 対応力

組織力の要素の最後は、対応力です。たとえ今、高い遂行力をもって業務を行っていたとしても、時代の流れにより顧客のニーズが変化すれば、その変化に対応するためにやり方を変えていかなければなりません。この変化への対応力が、高い組織力を維持するために必要不可欠なのです。

例えば、Aという売れ筋製品があったとします。売れ筋のため生産量も

●第8章● ポイント8　組織

多く、かかわる組織の遂行力はどんどん高まっていきます。「Aを作る」という成果を生むための遂行力です。しかし、時代の流れによりAは売れなくなり、新たにBという製品を開発したとします。Bの生産のためには、やり方を変えなければなりません。「Aを高い品質とスピードで作ることができる」という今までの遂行力は役に立たないのです。

このように、時代の変化に伴って遂行力は低下していくものなのです。それを表したのが、次のグラフです。

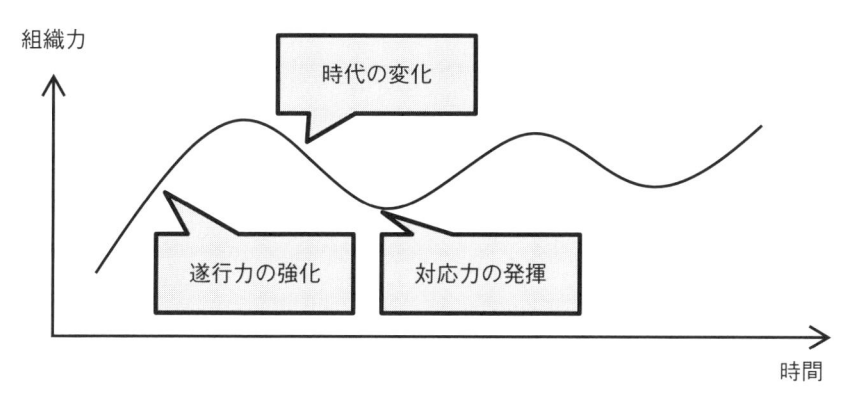

組織力

時代の変化

遂行力の強化　　対応力の発揮

時間

遂行力は時間的成熟の中で高まっていきますが、時代の変化により成果が出せなくなっていきます。この低下を食い止めるのが、対応力となります。この3つのプロセスを繰り返しながら、高い位置に組織力を維持させる必要があるのです。

時代の流れとは外部環境の変化のことであり、自社の強みを活かしつつどうそれに対応していくかは、経営方針そのものになります。

人間は本来、変化を嫌う生き物です。ましてや成果をあげ誇りを持ってきた職人たちは、変化に抵抗しようとします。しかし、時代の流れとは「抵抗する」ものではなく、「対応する」ものです。抵抗するだけでは、変化できない頑固者の集団と化してしまいます。

とはいえ、変化を受け入れた結果、自分の仕事がなくなれば、従業員は自分の存在を否定され、自尊心が傷つけられてしまいます。学習力のところで

も説明した「自分は否定されない」という心理的に安心な場をつくることが、「抵抗」から「対応」に変化させる重要なポイントとなります。

2. 管理職

(1) 管理とは

　ここでは、管理職の役割について説明します。まず、「管理」そのものについて考えてみます。管理とは、「目標を効果的、効率的に達成するために組織を良い状態に保ち維持発展を図る機能」のことです。

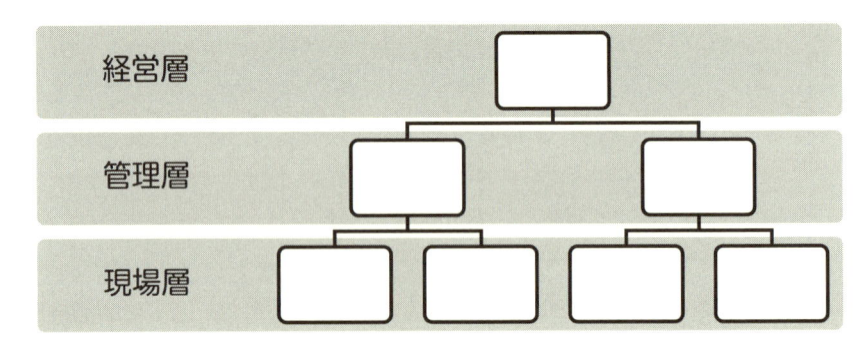

```
経営層
管理層
現場層
```

　このような典型的なピラミッド構造の組織体系において、管理層が果たす役割は2つあります。経営層との関わりと、現場層との関わりです。

① 経営層との関わり

　経営層は今後の方針や戦略を立案する組織の上層部であり、組織力でいえば対応力と関わりが深いでしょう。経営方針立案の中で必要な外部環境や自社の強みの理解を進める上で、管理者は重要な役割を担います。外部環境についていえば、マクロ的な世の中の動きは、市場調査や統計などから得ることができます。しかし、顧客の声やライバル企業の動きなどミクロ的な情報は、営業部門や販売部門など現場層から入ってきます。管理層は、そうした情報を経営層に伝える必要があります。

　もちろん、強みなどの内部環境についても同じです。製造部門などの状況を把握し、経営層に正しく伝える必要があります。そして、立案プロセスの

中で自らの意見を積極的に発信し、経営層との関わりを深く持つことが大切です。

② 現場層との関わり

先ほどの管理の言葉の意味にある「組織を良い状態に保ち維持発展を図る」とは、組織全体のことではなく、自らがリーダーシップを発揮すべき部分的な組織のことを指します。高い遂行力を維持するとともに、変化が必要になったとき、経営層の意向を現場層に正確に伝え、変化がどうして必要なのか、どのように変化すべきなのかを納得させ、そして変化を終えてまた遂行力強化の段階に進むまで、管理層は重要な役割を担います。遂行力強化の段階であっても、学習力と実行力を高める努力を怠ってはいけません。

(2) 伝える力

ここまで述べてきたように、管理層（管理職）に必要なのは、経営層、現場層に向けて「伝える力」です。ここで「伝える」というのは、単に情報を伝達するだけではありません。自分の考えや意思を持って伝えることを意味しています。目標を効果的、効率的に達成するための手段を経営層と一緒になって考え、現場層を良い状態に保ち、維持発展のために現場の人たちと協力することが求められるのです。この力がなければ、組織力は発揮できません。逆に、伝える力を発揮できない管理職は不要なのです。

3．組織のライフサイクル

(1) ライフサイクルの4要素

組織の最後に、ライフサイクルの話をします。創業して新たな事業を開始したとき、同じタイミングで組織も生まれます。そして、事業が発展するとともに、組織も成長していきます。これらの段階は大きく、起業段階、成長段階、成熟段階、衰退段階の4つに分けられます。もちろん、企業は衰退してはなりませんが、衰退が避けられない場合もあります。また、衰退が原因で事業が成り立たなくなることもあります。では、衰退を防ぐためには、どうしたらいいでしょうか。それぞれの段階を説明しながら考えていきます。

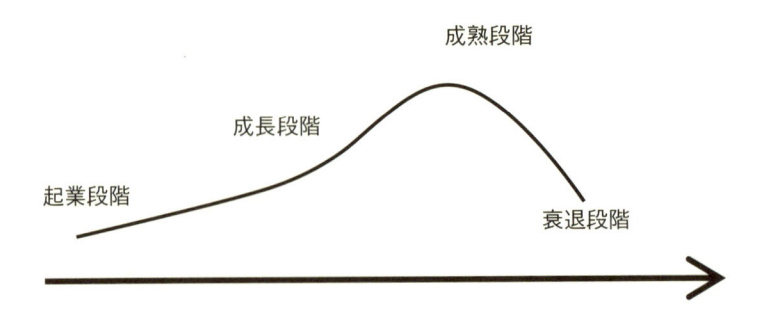

```
          成熟段階
      成長段階
  起業段階
                    衰退段階
```

(1) 起業段階
　まずは、事業を開始した段階です。スタート時は、1人で経営、営業、生産などすべてを担当します。組織ではなく、エースプレーヤーが個人で活躍する段階です。この段階では、「管理」という仕事はまだ必要ありません。

(2) 成長段階
　次は、成長段階です。事業が大きくなるに従い、新たな仲間とともに簡単な組織が形成されます。少人数であるため、相棒や右腕といった役割の人材がそばにいる状態です。こうした人は、高い能力をさまざまな場面で発揮しながら、仕事に対して高いモチベーションを維持します。その分、経営に参画したいという意識も高まり、経営者と衝突することも少なくありません。

(3) 成熟段階
　より大きく発展した組織は、機能的役割でチーム分けされていきます。組織の人数も多くなり、経営者の担う役割は経営そのものに集中し、管理層、現場層に対する経営者の存在感は弱まり、意向も伝わりにくくなります。経営者の独断が通らなくなり、組織は「仕組み」として維持され、対応力も低下しがちです。組織が形骸化していく可能性の高い状態です。

(4) 衰退段階
　最後が、衰退期です。組織力が底力、遂行力、対応力のすべてにおいて衰退していきます。目標を見失い、個人的な利益を追求する人が増えてきます。衰退段階にある組織に見られる現象をいくつか紹介します。

① 現場不良

　まず最初は、現場不良です。「自分だけサボっても大丈夫だろう」という心理が働きます。車に乗った営業マンが、駐車場や脇道で昼寝をしている光景を目にすることがあります。大きな組織に埋もれ、やりがいを見い出せず、逃避してしまう状態です。管理者はこのような問題行動に気がつかないことが多く、放置されることで問題が大きくなります。これは、魅力あるビジョンが示せていないか、自分の役割が見い出せないことが原因です。

② 管理不良

　次は、管理不良です。管理者が自らに与えられた職務を遂行することなく、自分を守るために自らに与えられた権力を使うようになります。自我欲求を満たし自己保身を果たすために、不要な業務を改善することなく「管理のための管理」を行うようになります。

　原因は、「自分は否定されない」という心理的な安心感の欠如です。たとえ管理者から変わったとしても、自分の尊厳は守られる、誰からも否定されないという風土の育成が必要になります。

③ 人間的衝突

　能力差によるやっかみや差別も、よく見られる現象の1つです。「俺は優秀だし、あいつよりがんばっている」という意識から、目標達成に向けられるべき力が、社内で自分を優位にするために向けられます。原因は、公平な評価制度の不在もありますが、お互いを個人として尊重する風土が育成されていないことが大きいでしょう。また、本当にそれだけ高い成果をあげているのであれば、マズローの欲求5段階でいう自我欲求から、他人との比較では決して満たされない自己実現欲求へと高められていくはずです。

4. 章の終わりに

　この章では、組織について説明しました。組織の問題を語るとき、「1＋1はいくらか」という話になります。「力を合わせれば、2以上にできる」、「コミュニケーションや付加価値を生まない時間のせいで、2にはならない」と

いった意見を聞きます。2より大きいか小さいかは、大きな問題ではありません。どちらであっても、決して1人ではできないことが組織によって実現できるのです。「1 + 1」の答えは大きいほどいいのですが、1より大きければそれでいいのではないかと思います。1人では成し得なかった仕事を達成して仲間とともに喜び、社会欲求や自我欲求が満たされます。その上で、はじめて人は自己実現という最高の生き方を求め始めるのです。組織とは、人々の幸せのためにあると私は思います。

最後に、組織力についてのチェックシートを掲載します。ぜひ、活用してください。

組織力についてのチェックシート

No	質　　問	回答
1	共通の目標がある	Yes / No
2	皆が同じ方向を向いている	Yes / No
3	お互いに協力するという風土がある	Yes / No
4	共有・質問・意見・支援が行える組織である	Yes / No
5	失敗を皆でカバーできる	Yes / No
6	試行できる風土でチャレンジ精神に溢れている	Yes / No
7	「自分は否定されない」という安心感がある	Yes / No
8	個人個人を尊重している	Yes / No
9	できない→できた→もっとできたのプロセスが実践できる	Yes / No
10	時間的に組織が成熟し強くなっていると認識できる	Yes / No
11	ビジョンやチームの目標が明確である	Yes / No
12	変化に対して柔軟である	Yes / No
13	管理者は経営層に対して現場の声を伝えている	Yes / No
14	管理者は現場層に対して経営層の意向を伝えている	Yes / No
15	管理者はリーダーシップを発揮している	Yes / No
16	組織の腐敗の兆候をキャッチできる	Yes / No
17	その兆候に対応できる	Yes / No

●第9章●
ポイント9　モチベーション
～活気あふれる企業を目指そう～

「うちの従業員はやる気がない」と

愚痴ばかり

言っている人のために

この章では、モチベーションについて説明します。モチベーションは動機づけともいわれますが、人に行動を起こさせる要因です。この章では、行動を「目の前に与えられた仕事」と考えます。仕事をするのはなぜでしょうか。お金のため、技術を高めるため、人に認めてもらうため等々、いろいろな理由がありますが、これらはすべて従業員の動機、いいかえれば欲求です。本章ではまず、この欲求に触れてから、動機づけについて説明します。ぜひ、従業員一人ひとりの姿を思い浮かべながら読み進めてください。

1. 欲求

(1) 欲求を知る

　人は欲求が満たされるとモチベーションが上がり、仕事にやる気を出します。しかし、どのような欲求を持つかは、人によってさまざまです。

　財団法人日本生産性本部が行った「働くことの意識」についての調査では、会社選択の理由として「能力・個性を生かせる」が一番多く、次いで「仕事が面白い」となっています。さらに、「福利厚生が充実」、「技術が覚えられる」、「会社の将来性」と続きます。経営者としては、できる限りそうした欲求に応えていく必要があります。従業員にはどのような欲求があるか、または満たされない欲求に対する不満はあるか、モチベーションが上がらない阻害要因は何か、などを考えて対応することが重要なのです。

(2) 欲求の種類

　第1章で、アメリカの心理学者アブラハム・マズローが考えた人間の欲求5段階について説明しました。これと同じく欲求を考える際に参照されるものが、ヘンリー・マレーによる欲求リストです。生理的欲求と心理的欲求に分類されるのですが、ここでは心理的欲求のみについて説明します。マレーは、次のようなリストを作り、心理的欲求を分類しています。

① 「物や財産」に関係した欲求
　・獲得欲求：物や財産を得ようとする欲求
　・保存欲求：物を集めたり保管したりしようとする欲求

- 秩序欲求：物を整頓したり片付けたり、きちんとしたいという欲求
- 保持欲求：物を所有し続け、手放したくないという欲求
- 構成欲求：組織化したり、組み立てたいという欲求

② 「野心や行動」に関係した欲求
- 優越欲求：優位に立ちたいという欲求
- 達成欲求：障害に打ち克ち、困難なことを成し遂げようとする欲求
- 承認欲求：賞賛されたい、尊敬を集めたいという欲求
- 顕示欲求：相手を驚かせたり、魅惑したいという欲求
- 認識欲求：調べたり質問したりして、知りたいと思う欲求
- 解明欲求：理解し、説明や講釈をしようとする欲求

③ 「地位や立場」に関係した欲求
- 不可侵欲求：自尊心を失いたくないという欲求
- 屈辱回避欲求：失敗や嘲笑されることを避けたいという欲求
- 防衛欲求：非難や軽視から自己を守りたいという欲求
- 中和欲求：努力や報復によって、汚名を返上したいという欲求

④ 「相手との関係」に関係した欲求
- 支配欲求：他人に影響を与えたいという欲求
- 服従欲求：優越者に対して仕えようとする欲求
- 同化欲求：模倣や真似、または他人に同意しようとする欲求
- 自律欲求：影響されず自分を確立しようとする欲求
- 対立欲求：他人と異なったことをして独特でありたいと思う欲求
- 攻撃欲求：他人を攻撃したり、傷つけたいと思う欲求
- 屈従欲求：自己を卑下し、服従しようと思う欲求
- 非難回避欲求：非難や処罰を避けようとする欲求
- 親和欲求：友情や絆をつくろうとする欲求
- 排除欲求：他人を差別・排斥しようとする欲求
- 養護欲求：他人を助けたり、保護しようとする欲求
- 依存欲求：援助や同情を求め、依存したいと思う欲求

⑤ その他（一部生理的欲求を含む）
・遊戯欲求：目的なく楽しみたいと思う欲求
・性的欲求：性的関係を進めたいとする欲求
・感性欲求：感覚的な印象を楽しみたいという欲求
・傷害回避欲求：苦痛や病気を避けたいと思う欲求

(3) 欲求を満たし高める

　マレーの欲求リストにあるように、人は多くの欲求を持ちます。これらの欲求を満たし高めていくことが大切です。マレーの欲求リストとマズローの欲求5段階を合わせて考えるといいでしょう。以下の図は、マズローの欲求5段階にマレーの欲求リストの一部を書き込んだものです。

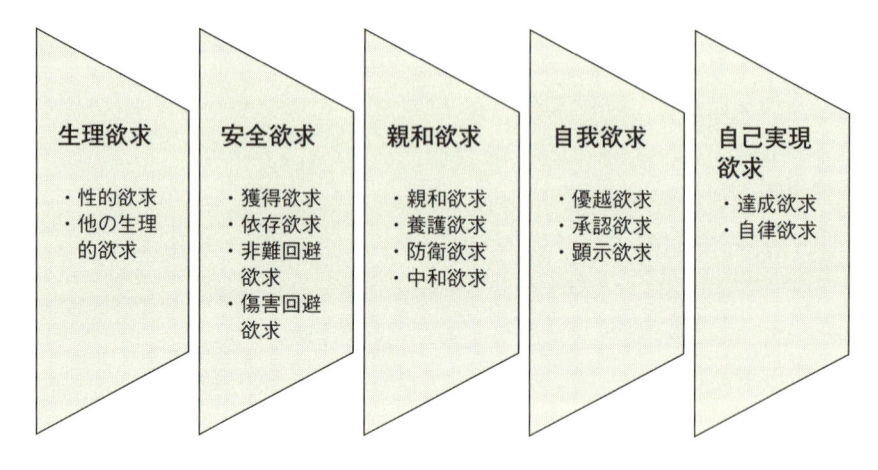

生理欲求	安全欲求	親和欲求	自我欲求	自己実現欲求
・性的欲求 ・他の生理的欲求	・獲得欲求 ・依存欲求 ・非難回避欲求 ・傷害回避欲求	・親和欲求 ・養護欲求 ・防衛欲求 ・中和欲求	・優越欲求 ・承認欲求 ・顕示欲求	・達成欲求 ・自律欲求

2. 動機づけ

(1) 動機を高めるための前提

　動機づけの話をする前に、前提として考えておくべきものがあります。これらがなければ、何をしても動機が得られず、モチベーションが高まりません。

① 給与等の金銭的処遇

　これは、従業員とその家族を含めた生活を守るために必要なものです。家

●第9章● ポイント9 モチベーション

族を守ることが不安視される待遇であれば、当然待遇の改善を求めて内部、外部に対して働きかけていくでしょう。内部に対しては処遇改善の交渉であり、外部に対してはより良い待遇の職場を求めるということです。

　どれぐらいの報酬があれば、家族が普通に生活できるのか。それは、家族構成や資産の保有状況によって違ってきます。標準的な報酬を得ていたとしても、住宅や車のローンなどがあれば、必要な金額は高くなります。金銭的処遇について、従業員が希望する最低のラインを割っていないか知る必要があります。

② 外的な不安

　私生活においてストレスを感じる事柄です。家族に関するものが多いでしょう。親の介護や子どもの教育など、家庭内の問題は絶えません。それらの問題の中で、仕事をしていても頭の中から常に離れないような大きな問題には対処する必要があります。すぐに解決することが難しい問題であっても、上司や経営者に知ってもらうことで気が休まる場合もあります。長期的な解決に向け、一緒になって策を考えることも有効です。まずは、そうした不安に対して従業員が心を開いて相談できるような風土の育成が必要です。いつでも相談に乗るという援助の姿勢が大切です。

③ 人間関係

　最後は、職場内の人間関係です。多くの職場では、大なり小なり人間関係の問題を抱えています。こうした問題に対処する際のポイントは、一括りで捉えないということです。1つの問題には何人かの人が関係していますが、一人ひとりが思い悩んでいるので、個人ごとの対応が必要です。特に上下間の問題の場合、上司側は優越欲求、支配欲求、攻撃欲求などを地位や力でもって満たそうとし、部下の方は不可侵欲求、屈辱回避欲求、防衛欲求があるものの、立場の弱さからそれらが満たされず、大きなストレスを感じていることがあります。仕事のミスなどに対する感情的な怒りが、ミスを犯した本人の人格や自尊心を大きく傷つけることもあります。「怒る」のではなく「叱る」、「叱る」際には「指導する」という姿勢が上司側に求められます。

(2) なぜ勉強するのか

　いよいよ動機について説明していきます。まずは、例え話をします。子どもに対して「なぜ勉強するのか」と質問すると、どのような答えが返ってくるでしょうか。「点数が悪いと親が怒るから」、「先生に言われたから」、「勉強するとお小遣いがもらえるから」、「高得点が取れるから」とさまざまです。しかし、これらの答えには共通点があります。それは、外部からの評価を求めているということです。親、先生、お小遣い、テストの点数、これらはすべて外部のものです。これらを外的報酬といいます。外部のものですから、その評価は他人が決めることになります。褒めるか怒るか、お小遣いはいくら与えるか、テストの点数は何点かなど、すべて他人が決定します。こうした動機を、外発的動機といいます。

　一方、勉強する理由として「解けたらうれしいから」や「知識が増えて楽しいから」といった自己実現的な欲求を満たすことが動機になっている場合があります。こうした動機を、内発的動機といいます。

　親は子どもに「自分のために勉強するのだ」と言い聞かそうとしますが、それを理解して子どもが内発的動機に向かうことはまれでしょう。まして、

コラム　「叱る」ことと「褒める」こと

　叱るときは、相手の個性、人格を責めてはいけません。「頭が悪い」、「無能だ」といった叱り方は厳禁であり、基本的にはあと少し努力が足りなかったところを正すべきです。「努力が足りない」ではなく、「もう少し努力が足りない」と言うのです。相手がいくらか努力したことを認める意味を込めることで、「もう少しがんばればいいのか」という動機につながるからです。

　褒めるときも同じです。「頭が良い」や「有能だ」と褒めるのではなく、努力したことを具体的に褒めるべきです。「頭が良い」と褒められてもうれしいだけで、「もっと頭を良くしよう」という動機にはなりません。努力を褒めることにより、「やって良かった」という感情が生まれ、「もっとがんばろう」という動機につながります。

●第９章● ポイント９ モチベーション

企業で働く従業員は大人であり、子どもよりも欲求は複雑で、動機を得ることも簡単ではありません。そこでまず、外発的動機について説明していきます。

(3) 外発的動機

「お金のために働く」というのが従業員の典型的な外発的動機です。経営者としてこの答えは少し寂しいと感じるかもしれませんが、そうした経営者ほど、「ちゃんと給料を払っているのだから、しっかりやってもらわないと困る」と同じレベルのことを言っています。外発的動機でしか働く理由を見い出せないのであれば、外発的動機をしっかりと満たし、モチベーションを高めていくことが重要です。

ただし、外発的動機には問題点もあります。外発的動機は外的報酬による動機づけであるため、報酬を得たいという獲得欲求が働きます。獲得の過程に目を向けられることは少なく、極端な場合には、ごまかしや倫理的に問題があるような手法が取られることもあります。このような短絡的な考えに基づく行動が多くなると、困難な問題に長期的に取り組むことが難しくなります。また、外的報酬に依存してしまい、報酬の大小によってモチベーションも浮き沈みしがちです。外発的動機を考える際には、こうした点に留意しなければなりません。

それでは、どのような外発的動機があるのか説明します。

① 給与

従業員は、自分の働きに応じた報酬を望みます。企業として客観的な報酬を定める制度を整えたいところですが、「高い報酬を得たい」という欲求は永続的に存在するため、報酬を上げてもその報酬に慣れることにより、モチベーションは徐々に下がってきます。また、給与は金額で客観的に多少が判断できるため、同僚などと比較し、満足感を得ることにも利用される場合があります。金額が下がったり、他人の給与金額と比較して不満があると、モチベーションは大きく下がります。自分の仕事に対して、地位と給与待遇で正当に評価されていると感じられることが重要です。

② 昇進昇級

　昇進や昇級も、外発的動機の要因です。昇給を伴うことが多いですが、昇給金額は外部に公開されません。給与と異なり、客観的に自分の評価が上がったことが理解できる要因となるので、自尊心を高める効果があります。しかし、他の従業員からのひがみにつながることも多いため、客観的に評価できる（誰からもその昇進昇級が妥当だと判断できる）制度の構築が重要です。そのためにぜひ準備してほしいのが、第2章や第5章で説明したキャリアプランです。モデルとなるキャリアプランを企業内で共有すれば、自らの目標になるだけでなく、他者からの客観的理解も得られます。

　昇進昇級によって、責任や権限も大きくなります。権限委譲は内発的動機づけには欠かせない要因であるため、昇進昇級により委譲された権限は明確にしておくべきです。役職が変わっても仕事の内容は変わらないという企業が多々ありますが、従業員の序列のための役職では、一時的なモチベーションの向上にしかつながりません。

　また逆に、降格降級は自尊心を大きく傷つけ、モチベーションの低下につながります。給与の減額は他者にはわかりませんが、降格降級は外部に露呈してしまいます。経営者としては、こうした従業員に対しては再起を果たしてほしいという思いがありますが、自尊心を傷つけることに対するフォローが不可欠です。外からの自分の評価が下がることは大きなストレスであり、人間関係の悪化にもつながることがあります。

③ 表彰

　社内表彰制度のことで、「社長賞」を設け、従業員を表彰する取組みを実施している企業も多く見られます。経営者や他の従業員から認められたいという承認欲求や顕示欲求が満たされ、モチベーションが向上します。昇給昇格についての制度とリンクして制度設計される場合もあります。

　客観的な評価が望ましいですが、主観的な判断で表彰者を決定する場合でも、可能な限り複数人での評価を行うことが望まれます。全従業員からアンケートを取り、「今年度のMVP」を多数決で決定するという制度を設けて

いるところもあります。

　表彰制度は企業の独自性を発揮できる部分も多く、面白く魅力的な制度を作ることで、従業員に対して愛社精神、帰属意識を高める効果が得られます。

④　賞賛

　「ありがとう」という言葉を多く交わすことは、組織力を高める効果もあります。「サンクスカード」を贈る制度に取り組む企業もあります。些細なことでも感謝の意をカードに記入して相手に渡すことで、声掛けだけではやがて薄れてしまう感謝の意を形に残すことも可能です。「サンクスカードをたくさん集めよう」という獲得欲求や保持欲求とリンクさせることで、社内貢献意欲を高められる効果もあります。

　「ありがとう」と声を掛けられるとうれしいのは人間の本質であり、人の幸せの追求の中でも重要な位置を占めます。外発的動機から内発的動機に推移させていく中で、この「賞賛」だけは外発的動機であっても日常的に浸透していくよう注力したいものです。

(4) 内発的動機

　次は、内発的動機です。外的報酬に頼らず、自己実現的な欲求によりモチベーションが高まります。「成長したい」という言葉に集約される達成動機が中心で、達成感、熟達、充実などで得られる満足感が大きな力となります。逆にあまりに困難な問題に対しては、達成動機の前に失敗を回避したいという欲求がきます。そのため、単に目標を設定するだけでなく、行動を起こす本人がその目標を受容していることが重要となります。それでは、内発的動機について重視すべき3つの事柄について説明します。

①　自主性

　独力で行うことで、達成感はより大きくなります。そのため、従業員が自分の判断で多くのことを決定できるように、権限を委譲することが大切です。「役職に応じて権限委譲している」と言いたい経営者は多いと思いますが、どのような権限を委譲しているでしょうか。問題解決に至るために必要な決定を、すべて独力で行えることが必要です。では、「必要な決定」とは

何でしょうか。例えば、「売上の低迷」が問題だったとします。その解決のために必要な決定とは、以下のものが考えられます。

・課題の決定

　売上の低迷の原因を探り、取り組むべき課題を明らかにすることです。例えば、「売上低迷に対処するために提案力の強化を図る」といった決定が独力でできるよう権限を委譲する必要があります。

・手法の決定

　どのようにして「提案力の強化」を図るかを決めることです。研修の実施や営業ツールの整備などの策を考え、実行に移すことになります。選択された手法に必要な経営資源（ヒト・モノ・カネ・情報）を与えるか、自ら調達できるようにしなければなりません。特にヒトについては、「誰とこの課題に取り組むか」を考慮するもので、達成できるかどうかを決める大きな要因になります。

・タイミングと時間の決定

　時間を要する課題の場合には、対策を開始する時期、かける時間についても考慮する必要があります。そのために、解決すべき問題を与えると同時に、期限についても設定するべきでしょう。その与えられた条件の中で、従業員が独力で計画を組む権限を委譲します。

　ここまで権限を委譲してはじめて、「お前にすべて任せた」と言えます。大きな信頼が承認欲求を満たすことにつながり、大きなモチベーションが得られるのです。

② 自己効力感

　自己効力感とは、心理学者アルバート・バンデューラが提唱したもので、ある事柄に対して自分が力になることができるという感覚のことです。自分がその問題に対して「貢献できる」と自覚することは、大きなモチベーションにつながります。「貢献できない」と判断すれば回避動機につながり、モチベーションが高まりません。どのようにすれば自己効力感が高まるか。その源泉についていくつか紹介します。

・成功体験

　過去において同様の問題に取り組み、成功させたという経験です。2回目の取組みのときは、「一度できたのだから、もう一度できるはず」と考えます。ただし、回数を重ねるごとに、できて当然と感じるようになり、その後は自己効力感があっても、モチベーションが必ずしも高まるわけではありません。普段からできることを今日もできたとしても、まったく気持ちが高まらないことと同じです。

・代理体験

　自分以外の誰かが成功することを見たり、その体験談を聞いたりすることです。体験者が自分の能力に近いか、あるいは自分より劣ると本人が考えている必要があります。「あいつにもできたのだから、おれにもできるはずだ」と考えられるからです。自分より同等以上と認識している人物の代理体験の場合は確信が薄れるため、自己効力感も低くなります。「あの人にもできたのだから、おれにもできるかな」という程度になります。

・言語的な説得

　「お前ならできる」という励ましと、自分に能力があることの説明を言語的に受けることです。特に、自分が信頼している相手からの説得は、自己効力感が高くなります。説得者からのフォローが大切で、フォローがない状態での失敗は、信頼関係を壊す可能性もあります。説得者と本人が、心理的な同志となって取り組むことが重要です。

・生理的・感情的状態

　いわゆる「ハイな状態」のことです。気分が高まり、チャレンジ意欲も旺盛になり、「できるかも」から「絶対できる」へ自己暗示されている状態です。まったく別の事柄に対する成功体験が、自信につながることも多くあります。

③　目的

内発的動機の中で、重要な位置を占めているのが目的です。何のための仕事なのか、本人が理解して行う場合と理解していない場合とでは、大きく成

果が異なります。また、目的を理解することは他の達成手段を考えることにもつながり、自主性が発揮できる環境にあれば、大きな達成感が得られる機会となります。

経営理念は企業が追求すべき究極の目的ですが、従業員自身の行動に直接紐付いているわけではないため、内発的動機にはつながりません。しかし、経営者と経営理念は不離一体と考えるべきであり、経営者は経営理念が内発的動機になるはずですし、そうなるような経営理念を掲げるべきです。

④　目標

内発的動機を高めるためには、達成感を得るために目指すべきゴール（目標）を明確にする必要があります。ビジョンも中長期的な目標の1つですから内発的動機につながりますが、その目標を本人が受容している必要があります。戦略マップ内のCSFについても、同様のことがいえます。できれば、もっと身近な事柄に対して目標を定め、数多くの成功体験を積ませるよう配慮すべきです。それでは次節から、この目標による動機づけについて説明していきます。

(5) 目標による動機づけ

目標による動機づけは、外発的動機の場合でも使われます。「営業目標を達成できたら、臨時ボーナスが得られる」という場合などです。しかし、本来の目標とは対象者の達成欲求を満たすものであり、内発的動機づけを行うためにあります。最初は外発的動機による目標達成であっても、将来的には内発的動機に推移するべきです。

①　目標管理制度のあり方

多くの企業で、目標管理制度が運用されています。しかし、管理というよりは統制と呼んだ方がいいほど行き過ぎた管理が行われ、従業員の自主性が発揮されにくい状態が見受けられます。定められた目標に対する取組みを客観的に評価するまでが「管理」であって、行き過ぎた関与は従業員の目標に対する達成意欲を損ない、制度が形骸化していきます。外発的な動機が中心となり、目標達成に至るまでの経過が軽視され、不正なども起こります。

② 重要なのは従業員の自主性

　目標管理制度の運用では、従業員の自主性に任せることに力点を置くべきです。すでに説明したように、自主性とは問題定義、課題抽出、手法決定、時間決定において発揮されるべきで、従業員の目標管理に対する成熟度に応じて、徐々に委譲する権限の幅を広げていきましょう。

　もし、目標設定を上司など別の人が行う場合には、必ずその目標を本人が受容できるものか確認します。「やります」と返事をしても、内心では「どうせ達成できない」と考えているかもしれません。本人が納得し、自らの意思で「達成したい」と思えるかどうかが重要です。

③ 業績達成目標と能力向上目標

　設定される目標は、業績達成についての目標と自分の能力を向上させる目標の2つに分けられます。どちらに力を置くべきか考えてみましょう。

　業績達成目標は、自らの力量を定めて設定されるもので、実行力に力点が置かれます。自分の力量を高めることは相対的に軽視されるため、成長機会が得られないデメリットがあります。そのため、内発的動機になりにくく、外発的動機に偏る傾向があります。自らの力量には限界があるため、将来的な夢や希望につながりにくい側面もあります。

　能力向上目標は、自らの力量を高めるために設定される目標です。自らの可能性を広げるため、内発的動機につながりやすいといえます。資格取得のための学習もこちらに分類されますが、外発的動機から内発的動機への過渡期として、資格取得の際に一時金を支給される仕組みを導入している企業もあります。

　どちらの目標もバランス良く設定されるべきですが、特に営業部門においては、業績達成目標を積み上げて経営計画の数値としている企業が多く存在します。このような企業は、前年度の数値と比較した単純な拡大目標を設定して経営計画としています。第6章で説明したように、このような経営計画の立案そのものが誤りであることを再認識してください。

3. 章の終わりに

　ここでは、モチベーションについて説明しました。「うちの従業員はやる気がない」と嘆く経営者は多いですが、そのほとんどの方が、それを従業員のせいにして対策を講じていないのです。もちろん、やる気を出すか出さないかは、従業員に起因する理由もあるでしょう。例えば、「人の役に立つことに魅力を感じない」という性格もその1つです。しかし、これは生まれながらその人に備わっていて、変えることができないものなのでしょうか。

　従業員に気づきのチャンスを与え、モチベーションを向上させることは、経営者の大きな役割です。企業内で高いモチベーションを発揮できれば、人生そのものが豊かになります。従業員の幸せを追求するために、彼らにモチベーションを発揮させることは、経営者にとってとても重要なことなのです。

●第10章●
ポイント10　社会性
～企業と社会の関係～

「納税と雇用さえ果たしていれば」と

企業の役割を

誤解している人のために

この章では、企業の社会性について説明します。これまで説明してきた経営理念からモチベーションまでの9つの要素で、企業経営は大きく改善するはずです。これらを活用して、大いに繁栄してもらいたいのですが、1つ条件があります。それは、社会的責任を果たすことです。企業は、倫理観・道徳観を備えることも大切ですし、地球環境への配慮なども必要です。

　グローバル社会の進展に伴い、企業が果たすべき社会的責任も広範囲になってきました。今すぐすべてに対応することは難しいかもしれませんが、果たすべき責任の内容は知っておくべきでしょう。それでは早速、社会性について見ていきます。

1. 企業の社会的責任

(1) 社会や社会性とは何か

　「社会」とは何でしょうか。地域社会、高齢社会、国際社会、グローバル社会と、さまざまな「社会」が存在しますが、単に社会といえば、「一緒に生活し、互いに影響を与え合う範囲の集団」を意味します。企業は、この社会の一員です。そして、社会の一員として備えるべき性質が社会性です。

　企業の地域に対する存在意義は、経営理念やビジョンを通して発信されるべきです。それを追求するための行動の範囲において、企業は自由であり、その範囲を超えるような自由は「勝手」とされ、倫理観を欠いた企業と見なされます。

　グローバリゼーションの進展により、企業が与える影響範囲は広くなりました。すべての企業が、地球環境に何らかの影響を及ぼしていると考えるべきでしょう。もちろん、直接影響を与える範囲は、企業やその業務によって異なります。商店街にある1軒の小売店を考えれば、商圏は商店街を訪れる地域の人々に限定されます。しかし、排出されるゴミの処理やリサイクルの取組みなどは地球環境保護のために行うものであり、影響範囲は地域を超えて地球全体になります。

　事業の影響範囲を大きく捉え、企業としてのあるべき姿、備えるべき性質

を意識し行動に結びつけるべきでしょう。それが、社会性に富む企業の姿なのです。

(2) CSR

「企業の社会的責任」という言葉があります。企業が備えるべき社会性について考えるもので、CSR（Corporate Social Responsibility）ともいわれます。企業には、経済活動も含めた活動のすべてにおいて、社会の一員として備えるべき性質があります。

① 公正性

「公正」とは、「偏りがなく正当である」という意味です。「公平」と似ていますが、こちらは「偏りがなく平等である」という意味です。「公平だが、公正ではない」という状態もあります。例えば、従業員全体に対してサービス残業を強いることは公平ではありますが、正当ではないので公正ではありません。従業員全体とは、企業という狭い社会の中での話です。より広い社会から、「公正である」と判断されることが必要です。フェアな企業を目指してください。

② 倫理観

「公正」の意味に含まれる正当性は、誰が判断するのでしょうか。「公」ですから、社会に属するすべての人々ということでしょう。自分が「公正」だと思っていても、間違った価値観を備えていては、判断を誤ってしまいます。「公正」かどうか正しく判断するためには、倫理観を備えていなければなりません。「倫理」とは、「社会生活を送るうえでの一般的、普遍的な決まりごと」と考えることができます。「倫」は「仲間」、「理」は「ことわり」を意味します。正誤や善悪を判断するための倫理観を備えるべく、人間性を高めていく努力が必要です。

③ コンプライアンス

コンプライアンスは、「法令遵守」という意味です。企業は法を犯してはならないという基本的な考え方です。法令に違反すれば、信頼が失墜し経済活動におけるデメリットが生じますが、それは社会に負の影響を与えた企業

が被るべき罰の1つにすぎません。法は社会の秩序を守るために定められるものですから、これを犯すことは秩序を乱し、社会性を大きく損なうことになります。経済活動のデメリットばかりに論点が集中すれば、そのデメリットを受容できれば秩序を乱す経済活動を行ってもいいのかという間違った議論を生みます。

④　環境経営

環境経営とは、企業と社会がともに持続的な発展をしていくため、地球環境と調和のとれた企業経営を行うという考え方です。持続可能（sustainable）の意味を強調し「サステナブル経営」といわれる場合もあります。

一般的に、環境に配慮した製品やサービスの提供にはコストがかかるため敬遠されがちでしたが、資源が枯渇すれば経営に与える影響は甚大であり、長期的な視野に立てば持続的な発展のために環境経営が不可欠であるという考えに至ります。また、顧客側においても環境意識の高まりが環境経営に良い影響を与えています。使い捨てではなく長く使えるものを選択したり、環境負荷の小さい商品やサービスを選択したりする消費者が増えています。第3章で説明した企業の強みの中に、「環境」というキーワードが入ってきたのもその影響といえます。

⑤　サプライチェーン

産業の発展に伴い効率化が求められ、その結果、多くの分野で分業が進められてきました。材料の調達から最終製品が消費者に届くまでのプロセスに、多くの企業が関わるようになっています。この流れを、サプライチェーンといいます。災害が起こったとき、サプライチェーンに関与する企業が1つでも操業をストップすれば、消費者まで製品が届かなくなります。そのため、自社だけでなく、サプライチェーン全体で滞りなく業務が行われるよう注意を払う必要があります。

こうしたサプライチェーンの構成企業は、複数のサプライチェーンに属していることが多く、モノの流れは複雑化しています。効率化によって分業を進めてきたのは消費者のニーズに応えるためとはいえ、企業側の都合といえ

ます。「複雑になりすぎて、目が届かない」という言い訳は通用しません。

サプライチェーンは、オーナー企業とメンバー企業に分けられます。オーナー企業は、サプライチェーンがいつも稼働するよう注視し必要な行動を取ります。メンバー企業は、そうしたオーナー企業の期待に応えるため継続的な改善を行うのです。それぞれの立場で、サプライチェーンを維持するための責任を果たさなければなりません。

2. 社会性に関連するキーワード

前節では、企業が果たすべき社会的責任（CSR）について説明しました。ここからは、CSRを考える上で対応を検討すべき事柄について解説します。

(1) 環境

持続可能な社会の実現に向けて、企業は地球環境に対する配慮を忘れてはなりません。経済重視のために環境が犠牲になるという「経済と環境のトレードオフ」の関係は終わりました。トレードオフではなく、トレードオン（Win-Win関係）を目指すべきなのです。

① 3R

環境経営の取組みとして最初に取り上げられるものが、「3R」です。Rから始まる3つの言葉、Reduce、Reuse、Recycleを表します。

Reduce（リデュース）は、「減らす」という意味です。生産などの事業活動の中で消費する資源の量を減らそうという取組みです。身近な例では、使わない部屋の電気を消したり、クールビズやウォームビズでエアコンの消費電力を抑えたりする活動があります。

Reuse（リユース）は、「もう一度使う」という意味です。例えば、裏紙の活用や詰替えできる食料品容器の購入などです。これはどちらも、もともとの用途で繰り返し使うものですが、用途を変えて活用するものもあります。古新聞をクッション材として活用する場合などが、これにあたります。

Recycle（リサイクル）は、そのまま再利用するのではなく、一度回収して再生資源として活用することです。ペットボトルやプラスチック製品のリ

サイクルや廃食用油を回収してバイオディーゼル燃料として再生する取組みが有名です。

② 環境マネジメントシステム（EMS）

環境マネジメントシステム（EMS）とは、企業などの団体における環境活動の管理システムのことです。環境活動とは、環境方針や目的、目標等を設定しさまざまな行動をとることで、内容は多岐にわたります。EMS は、企業独自のものでも構いません。しかし、規格化されているものを活用すると効果的に進めることができ、対外的な評価も得られるというメリットがあります。

・ISO14000 シリーズ

ISO（国際標準化機構）が定めた EMS の国際規格です。1996 年から開始され、多くの企業が ISO14000 シリーズの認証を受けています。

ISO で定められている EMS には、環境方針、計画、実施及び運用、点検、マネジメントレビューなどが含まれます。

・エコアクション 21

エコアクション 21 は、環境省が定めた EMS です。ISO と同じく、認証の仕組みがあります。中小事業者でも取り組みやすく、2014 年度で累計 7,500 余りの企業が認証を受けています。

(2) BCP

皆さんの会社では、BCP（Business Continuity Plan：事業継続計画）を策定されていますか。大きな災害が発生すると、事業の継続が困難になります。従業員の安否すらわからない状態に陥ることも考えられます。BCP とは、そのようなときに備え、安否確認から事業の再スタートまでスムーズに行えるようあらかじめ準備しておくものです。

企業が災害により事業を長期間ストップさせてしまうと、従業員、顧客、地域に与える影響は非常に大きくなります。従業員は給与がストップすることにより、家族全員が不安な状況となります。退職してしまう可能性もあります。顧客は製品やサービスの供給がストップして困り果ててしまいます。

サプライチェーンが途切れてしまうと、関係する企業に迷惑がかかるほか、エンドユーザーに製品が届かないという状況に陥ります。顧客はしばらく待ってくれますが、我慢できなくなると代替案を探し出します。これは、顧客の流出を意味します。地域についてはどうでしょうか。従業員や顧客が離れていくことは、地域の衰退につながります。また、地域のインフラや行政サービスに携わる企業においては、事業停止が地域に与える影響は甚大です。

① BCPの目的

次の図を見てください。実線は、災害発生とともに操業度が0となり、回復に長い時間がかかっていることを表しています。

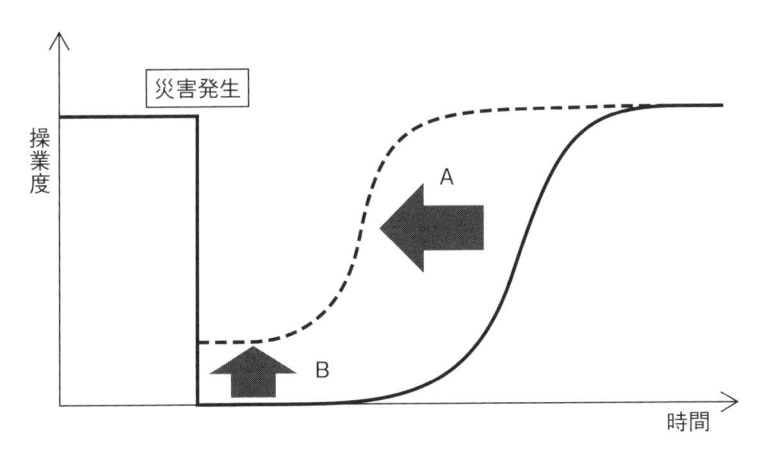

企業がBCPに取り組む目的は、2つあります。Aの矢印にあるように操業度の回復を早めることと、Bの矢印のように災害発生時に操業度が0になることを回避し、なるべく高い操業度を維持することです。BCPにより、実線を点線のようにしようというわけです。

② BCPの3つの計画

BCPには、3つの計画が含まれます。

・災害発生時の行動計画

まず1つ目は、災害発生時の行動計画です。安全確保と安否確認、指示命令系統の決定、業務拠点の機能確保、情報収集と情報発信といった内容

が含まれます。

・**訓練教育の計画**

　行動計画を策定しても、その通り実行するには訓練が必要です。皆さんも、火災時の避難訓練に一度は参加したことがあると思います。訓練を行い、行動計画に対する習熟度と実行力を高めます。あわせて、計画の問題点を抽出し改善していきます。

・**災害の事前対策**

　災害発生時の操業度低下を食い止め、回復を早めるために事前に取り組むべきことを考え、計画に落とし込みます。例えば、工場の耐震性能に問題があったとします。しかし、耐震工事はコストがかかるためすぐに取りかかることができません。仮に、5年後に耐震工事を行うとして、それまでの代替案が必要です。災害時に借りられる臨時の工場を確保しておく方法等が考えられます。このように、事前にできる対策について、影響度、コスト、対応時期などを考慮しながら計画に盛り込みます。

③　**何から取り組むべきか**

　BCPの取組みを開始する上で参考になるガイドラインがいくつかあります。内閣府が提供している事業継続ガイドライン（http://www.bousai.go.jp/kyoiku/kigyou/keizoku/）もその1つです。

　これらのガイドラインをもとにBCP策定に取り組むのですが、最初からすべての業務に完璧に対応する計画を作ることは困難です。そのため、最初は想定すべき災害を小さなものにするといいでしょう。例えば、「自社工場が火災にあった場合」を想定します。大災害と異なる点は、被害が自社にとどまり、代替策を講じやすいためです。地震や津波などの災害は、自社以外も被災しているため対策が大がかりとなる傾向があります。また、計画に盛り込む行動も、最初は安否確認だけで結構です。「自社工場が火災にあった場合の従業員の安否確認」から始めて、徐々に広げていってはいかがでしょうか。

(3) フェアトレード

次は、フェアトレードについて説明します。社会性の説明のところで触れた通り「公正」とは、「フェア」であることです。「トレード」は「貿易」ですから、「フェアトレード」とは「公正な貿易」と考えればいいでしょう。フェアトレードの目的は、「発展途上国の自立」です。

発展途上国では、資源の輸出が盛んに行われています。日本は、そうした国からさまざまな資源を輸入し、加工して工業製品として輸出しています。発展途上国から日本が資源を輸入する場合、日本側の企業は、相手国企業からすれば顧客にあたります。立場の優位性を利用して低価格での提供を強制するなど、公平とはほど遠い取引条件を強いている場合があります。

① 貿易における公平性

資源を輸入する側の企業は、どのようにして貿易の公平性を保てばいいでしょうか。基本は倫理観に頼るところが大きいのですが、以下の点にも配慮すべきです。

- **民主的な経営**

  資源を輸入する際、相手国の工場や農場と提携関係を結ぶことがあります。そうした提携先を含めて、民主的な経営を行うことが大切です。海外の労働者を、安価な労働力としか考えていない経営者がいます。人を金のための道具としか思えないことは、倫理観の著しい欠如といえます。

- **継続可能な最低価格の保証**

  取引先は、使い捨てできるものではありません。無理な取引条件を強要しては、経営が成り立たなくなり、取引も継続できません。自社の発展のために取引先を犠牲にするのではなく、ともに発展するための仕組みが必要なのです。このような仕組みが考えられる経営者が求められています。

- **長期的な安定契約**

  ともに発展していくためには、相手企業も利益を確保し人材や設備に投資を行い、価値を高めてもらう必要があります。それが、自社の強みにもつながっていきます。大きな投資を行うためには、長期的な利益が見込ま

れることが重要です。そのために、長期的に安定した売上や利益を確保できるような契約条件を提示しましょう。

② フェアトレードにおける10原則

フェアトレードを推進する世界フェアトレード機関（WFTO：http://wfto.com/）が定める「フェアトレードにおける10原則」を紹介します。

1　経済的弱者である生産者に機会を与える
2　透明性と説明責任
3　フェアトレードの実行
4　公正価格
5　子どもの労働、強制労働のない社会
6　差別のないこと、男女平等、女性の経済的・社会的地位の向上、そして結社の自由への誓約
7　適切な職場環境の確保
8　キャパシティー・ビルディング（能力強化）の提供
9　フェアトレードの推進
10　環境への配慮

これら10個の項目について考えてみると、貿易を行っている企業だけでなく、すべての企業が取り組むべきことばかりだとわかります。地球環境が守られ、弱者に対する差別がなくなり、均等に機会が提供され、子どもが未来に希望の持てる社会を目指すものです。

フェアトレードを行っていることを証明する制度もあり、商品にそのマークをつけることも可能です。貿易を行う企業の皆さんは、ぜひ取り組んでください。

(4) メセナ

メセナ（mecenat：フランス語で「文化の擁護」の意味）とは、企業が行う文化貢献活動のことです。生活に潤いを与えるスポーツや芸術などに対して、企業側が資金提供やその他の協力を行います。交響楽団や美術館を運営している企業もあります。広い意味では、テレビ番組のスポンサー提供もメ

セナの1つでしょう。

　大企業が中心になって行っているイメージがありますが、地域色の濃いメセナ活動もあります。例えば、地域の花火大会やお祭りにスポンサー協力を行ったり、小中学校の運動会などに景品を提供したりするのも、立派なメセナ活動です。

3．章の終わりに

　ここでは、企業の社会性について説明しました。企業も社会の一員です。「社会に対して…」と、自社を社会から分離した存在のように考えていては、社会性を維持できません。「地域の皆さんと一緒に…」に切り替えていきましょう。

　企業は、社会に大きな影響を与えています。どうせ大きな影響を与えるのなら、良い影響を与えてほしいと願っています。ここで紹介した社会性を維持し高めていくさまざまな活動に、少しでも取り組んでみてください。

あとがき

　本書では、経営に必要な10のポイントについて説明してきました。説明を終えたところで、私がこのテーマで本を書きたいと思った理由をお伝えしたいと思います。

　私は、ここで紹介した10のポイントを皆さんがそれぞれの企業で実践し、発展していってほしいと心底願っています。なぜなら、これらのポイントを踏まえた企業が発展することは、私だけでなくすべての人々にとっての喜びだからです。従業員、顧客、地域のそれぞれの幸せの追求を願った経営理念の策定から、社会に視野を広げる社会性についての取組みまで、すべてにおいて考え行動する企業。このような企業の姿を想像しただけで、私はワクワクしてきます。

　私の願いは、すべての人が例外なく幸せに暮らし、次の世代を担う子どもたちがいつも笑顔でいる世界が実現することです。そのためにも、皆さんの会社が10のポイントを実践し、発展してほしいのです。そして、この本を手に取っている経営者の皆さん自身にも幸せになってほしいと願っています。

　これが、私がこの本に込めた想いです。

　最後までお読みいただき、ありがとうございました。

追記
　http://best-recipe.net/（ホームページ）や https://www.facebook.com/best.recipe10（フェイスブック）で本書の関連情報を紹介しておりますので、こちらもあわせてご利用ください。

安田コンサルティング代表
安田　勝也

●著者紹介

安田勝也（やすだかつや）
1971年生まれ。システム開発会社勤務を経て、2005年に安田コンサルティングを創立。企業の経営戦略立案や販路開拓等の支援に従事しつつ、日本全国で経営や決算関連のセミナー・研修の講師を務める。中小企業診断士、行政書士。
http://yasucon.jp

2015年10月8日　第1刷発行

会社を良くする最高のレシピ
── おさえておきたい10のポイント

Ⓒ著　者　　安田　勝也
　発行者　　脇坂　康弘

発行所　株式会社 同友館

〒113-0033 東京都文京区本郷3-38-1
TEL.03(3813)3966
FAX.03(3818)2774
URL　http://www.doyukan.co.jp/

乱丁・落丁はお取替えいたします。　　三美印刷／松村製本所
ISBN 978-4-496-05157-9　　　　　　　Printed in Japan